Anja Welsch

Emma und das göttliche Spiel

Ein Roman über den Sinn des Lebens

© 2019 Anja Welsch

Verlag und Druck: tredition GmbH, Halenreie 40-42, 22359 Hamburg

ISBN
Paperback: 978-3-7482-9451-1
Hardcover: 978-3-7482-9452-8
E-Book: 978-3-7482-9453-5

Für Katja

1.

Liebe Katrin,
wenn Du diese Zeilen liest, werde ich nicht mehr am
Leben sein. Du weißt, dass vor mir eine unerträgliche
Leidenszeit läge und ich meine einzige Chance zu
entkommen wahrnehme. Die Schmerzen werden stärker,
ich kann sie schon nicht mehr lokalisieren. Sie scheinen
in jedem Knochen, in allen Organen, auf und unter der
Haut gleichzeitig zu sein. Doktor Weber hat mir
hervorragende Medikamente verordnet. Sie nehmen dem
Schmerz die Schärfe, belasten jedoch auch meinen
Kreislauf. Ich kann nicht mehr klar denken und jeder
Handgriff und Schritt wird von Tag zu Tag, beinahe
möchte ich behaupten von Stunde zu Stunde, mühsamer.
Es ist schon erstaunlich, wie ein Millimeter kleines
Pünktchen aus meiner Brust in kurzer Zeit den Körper
erobert und befallen hat. Der Krebs hat entschieden,
mein Organsystem zu durchdringen, obwohl ich am
Anfang noch versucht habe, Zwiesprache zu halten und
mit ihm zu handeln wie mit einem alten Freund auf dem

Markt. Du erinnerst Dich? Weißt Du noch, wie wir gemeinsam geweint und dann gelacht haben? Unser Plan schien so genial wie einfach. Ich würde dem Krebs einen Handel anbieten: Er könne bleiben, solle sich jedoch nicht ausbreiten. Ich habe ihm erklärt, dass auch er stirbt, wenn ich sterbe. Es scheint ihm egal. Mehr als das, er hat in atemberaubender Geschwindigkeit darauf hingearbeitet, die Kontrolle zu übernehmen und nun hat er es beinahe geschafft. Den letzten Triumph werde ich ihm rauben! Kein Siechtum, kein Delirium, kein Kampf. Liebe Katrin, ich kann deine Traurigkeit schon in meinem Herzen fühlen und spüre doch dein Verständnis für die Freundin, die sich nach einem schwierigen Leben erlaubt, den letzten Schritt selbst zu entscheiden. Weiß Du was? Es ist gar nicht so einfach! Wie oft habe ich mit dem Leben gehadert. Nun muss? kann? darf? ich es verlassen und meine Gefühle sind chaotisch und nicht bestimmbar.

Traurig blickte Emma von ihrem Schreibblock auf und schaute aus dem Fenster. Gedankenverloren beobachtete sie die untergehende Sonne, die auf dem Weg zu anderen Kontinenten bereits halb hinter dem Horizont verschwunden war. Die Gebäude der Kleinstadt, die sich unter Emma ausbreiteten, waren bereits in das Dunkel der Nacht eingehüllt, während die Kraft des Sonnenlichts den Himmel darüber noch halbkreisförmig in goldenes Licht tauchte. In einigen Minuten würde die Sonne verschwunden sein, um am nächsten Tag zuverlässig wieder aufzugehen. Emma seufzte. Die untergehende Sonne erschien ihr wie eine Metapher für ihren Seelenzustand, der aus dem Gleichgewicht geraten war. Aber morgen früh würde nicht Alles wie am vergangenen Tag sein.

6

An ihrem rechten Zeigefinger bemerkte sie einen kleinen Tintenfleck, der während des Schreibens mit ihrem Füller entstanden war. Wichtige Briefe hatte sie immer mir dem Tintenfüller geschrieben, es schien persönlicher und dem Empfänger gegenüber Respekt und das Besondere auszudrücken, was sie für ihn oder sie empfand. Nun hatte blaue Tinte einen kleinen ovalen Fleck auf ihren Finger gezaubert.

„Du gibst also auch gerade den Geist auf", sagte sie zu ihrem Füller und lächelte wehmütig.

„Das passt ja. Meine Güte, jetzt spreche ich schon mit einem Stift! Nun denn, lass uns noch diesen Brief gemeinsam zu Ende schreiben."

Sie musste Katrin eine letzte Zusammenfassung ihrer Gedanken hinterlassen. Eine besondere Freundschaft erforderte besondere Behandlung. Katrin war immer für sie da gewesen und hatte alle Höhen und Tiefen mit einem unerschütterlichen Selbstverständnis mitgetragen. Kennen gelernt hatten sie sich während des BWL-Studiums, einer glücklichen Zeit im Leben beider Frauen.

Nahezu so lange ich denken konnte, hatte Seelenfinsternis immer wieder Abschnitte meines Lebens dunkel eingefärbt. Ich erinnere mich noch genau an die Sommerferien, nach denen ich in die Oberstufe des Gymnasiums wechseln sollte. Damals legte sich ein grauer Schleier über meine Lebensfreude, schleichend, sich jeglicher Kontrolle entziehend und resistent gegen mentalen Widerspruch. Ich habe es Dir oft erzählt, Katrin. Ausgerechnet in den von einer 16jährigen so lange ersehnten Ferien wurde ich von einer Welle tiefster Traurigkeit überschwemmt und war dieser machtlos ausgeliefert. Eine unbekannte tieftraurige Stimmung nahm mich in Besitz und übernahm ungefragt die Führung über meine Gedanken und Emotionen. Alles, was mir bis dahin Freude gemacht hatte, wurde uninteressant. Ich hatte häufig Kopfschmerzen und litt unter Übelkeit und Bauchkrämpfen. Selbst wenn ich Lust gehabt hätte, in das normalerweise ersehnte Leichtathletiktraining zu gehen, so war es unmöglich, die Energie dazu aufzubringen. Jeden Morgen fühlte ich mich bereits unmittelbar nach dem Aufstehen so, als habe ich drei Tage und Nächte lang durchgearbeitet. Es schien anstrengend, einen Fuß vor den anderen zu setzen. Tagsüber war ich müde und sehnte mich nach dem Bett, um dort der Beklemmung zu entfliehen, die meine Brust so sehr einschnürte und mir die Luft zum Atmen raubte.

„Interessant", murmelte Emma, als sie die geschriebenen Worte las.

Schon damals dachte sie, sie sei krank, organisch krank. Was sonst könnte ihr in solch einer Heftigkeit ihre Energie und Lebensfreude geraubt haben? Später hatte sie erkennen müssen, dass nicht ihr Körper, sondern ihr Gemüt erkrankt war. Und nun gebrauchte sie zur Beschreibung von damals eine Formulierung, die doppeldeutig war. Ja, als Teenager hatte sie das Gefühl, etwas habe ihr die Brust eingeschnürt und raubte ihr die Luft zum Atmen. Nun, am letzten Tag ihres Lebens blickte sie auf eine Krankheitsgeschichte zurück, in der ein Mamma Carzinom in der Brust ihr das Leben nach und nach genommen hatte und wie die daraus resultierenden Wassereinlagerungen in der Lunge ihr tatsächlich das Atmen erschwerten. Sie konnte es deutlich spüren, wenn sie eine Treppe hoch stieg oder etwas im Haushalt arbeitete, was in ihrem jetzigen Zustand anstrengend war. Dann schnaufte sie wie ein Asthmatiker und war bereits nach kurzer Zeit so erschöpft, dass ihr Körper eine Pause einforderte. Dieser

Zustand verlangte von ihr viel Einsicht und Geduld, die sie nicht immer aufzubringen im Stande war.

Ich war 16 Jahre alt, ein Alter, in dem die Freude und Leichtigkeit des Lebens eigentlich vorrangig sein sollten. Aber ich lag nachts wach, gefangen in einem Gedankengeflecht irrealer Ängste und voller Verzweiflung. Da Ferien waren, fiel es Mama und Papa nicht als außergewöhnlich auf, dass ich morgens so lange schlief und sehr lethargisch einen Tag nach dem anderen durchlebte. Erst Jahre später erfuhr ich durch Doktor Schieber, dass die Medizin diesen Zustand als depressives Morgentief und als Motivationsproblem bezeichnet.

Wehmütig lächelte sie beim Gedanken an ihre vor einigen Jahren verstorbene Mutter. Herta hatte die Reizbarkeit und Rückzugstendenz ihrer Tochter als pubertäre Normalität interpretiert und mitfühlend belächelt. Wie hätte sie auch ahnen können, dass Emma nicht den Sinn des Lebens allgemein hinterfragt hatte, wie Teenager es tun, sondern dass sie sich ständig nach dem Sinn *ihres eigenen* Lebens gefragt hatte?

Ich spürte damals sehr wohl, dass sich mein Gemütszustand immer weiter von dem meiner Freundinnen entfernte. Die Konzentration reichte jedoch nicht aus, darüber nach zu denken. Alles Alltägliche war anstrengend genug. Ich habe mich oft gefragt, ob dies typisch für das erwachsene Leben sein sollte. Oh, Katrin, wie oft habe ich geweint, weil ich solche Angst davor hatte, erwachsen zu werden. Ich wollte so gerne das Kind meiner Eltern bleiben, eingebettet in ihre Liebe und Geborgenheit und mich der Verantwortung für mein eigenes Leben nicht stellen. Ich setzte den Verlust meiner

Kindheit mit Schwere und Druck gleich. Damals war mir noch nicht klar, dass diese Bürde nicht vom Alter, sondern vom Empfinden abhängt.

Die Sonne war inzwischen untergegangen. Emma atmete tief durch, während sie die einbrechende Dunkelheit über der Stadt beobachtete. Ihr Brustkorb schmerzte. Die Fassaden, auf die sie blickte, erschienen nun, da sie von der Sonne nicht mehr angeleuchtet wurden, einheitlich grau und farblos.

'Alles Grau', dachte Emma. 'Die Sonne geht nun auf einem anderen Kontinent auf, der Mond scheint noch nicht. Grauzone. Und auch ich befinde mich in einer Grauzone.'

Sie spürte den Herzschlag in ihrem kranken Körper, der sich weich und doch so schwer und fremd anfühlte. Gerne hätte sie geweint, aber sie hatte schon lange keine Tränen mehr. Traurig folgte ihr Blick dem Kondensstreifen eines Flugzeuges.

'Wohin diese Menschen wohl fliegen?' überlegte sie. 'Die meisten sitzen sicher voller Vorfreude auf ihren wohlverdienten Urlaub im Flieger und malen sich aus, wie schön die nächsten Wochen in einem anderen Land sein werden. Dem Alltag entfliehen!'

Emma zupfte sich eines ihrer dunkelblonden kurzen Haare vom Ärmel des blauen Strickpullovers und blies es von ihrer Hand in den Raum.

„Du kannst nicht fliehen", sagte sie zu sich selbst. „Du hast dich überall immer dabei!"

Kein Land dieser Welt, keine Landschaft, kein Hotel würde ihr die Last des eigenen Seins von den Schultern nehmen können. Es gab nur eine Möglichkeit der Flucht, die aus dem Leben heraus.

Emmas Gedanken schweiften wieder in die Vergangenheit, während sie in die Küche ging und sich ein Glas Wasser einschenkte. Lustlos trank sie einen kleinen Schluck und stellte das Glas auf die schwarz-weiß marmorierte Arbeitsfläche zurück.

Heute weiß ich, dass ich als junges Mädchen in den Sommerferien zum ersten Mal eine so genannte mittelschwere Episode der Depression durchlebt habe. Glücklicherweise ging es mir nach einigen Wochen besser und ich konnte mich in der Oberstufe darauf konzentrieren, erfolgreich das Abitur abzulegen.
Du erinnerst dich sicher an unsere ersten Treffen. Ich war immer sehr darauf bedacht, mich an einen ruhigen Ort oder in einem kleinen Café mit wenigen Tischen zu treffen. Zuerst habe ich immer behauptet, man kann sich dort besser unterhalten. Später fanden wir dann das Café Chapeau Noir und machten es zu 'unserem' Café. Ich habe Dir schnell vertraut und konnte Dir erzählen, dass ich aus meiner depressiven Phase eine gewisse Scheu vor Menschenansammlungen und vor lauten Veranstaltungen zurückbehalten habe. Dies war jedoch für mich nie eine große Belastung. Schon als kleines Kind war ich das, was man als eher introvertiert bezeichnet. Zurückgezogen mit einem Buch in der Kuschelecke meines Kinderzimmers habe ich die glücklichsten Zeiten verbracht. Wie viele Stunden, Tage, Wochen, bin ich abgetaucht in die Welten von Astrid Lindgren oder Enid Blyton! Ich fieberte mit den fünf Freunden in deren Detektivabenteuern ebenso mit, wie ich durch die Geschichten über das Internatsleben junger Mädchen eine Sehnsucht nach diesem Leben entwickelte und in meinem Kopf eigene Schulgeschichten erfand, in denen ich die Hauptrolle spielte. Eine Zeit lang habe ich bei meinen Eltern gebittet und gebettelt, sie mögen mich in ein Internat schicken, in dem ich mit meinen Mitschülerinnen leben könnte wie Hanni und Nanni. Mama und Papa waren natürlich klug

genug, um zu wissen, dass die Wahrheit des Internatslebens anders aussieht und dass ich vor Heimweh vermutlich krank geworden wäre.

Bücher wie die Unendliche Geschichte zogen mich so in ihren Bann, dass ich es überhörte, wenn Mama zum Essen rief. Mit 13 Jahren investierte ich mein wöchentliches Geld in eine Taschenlampe und las unter der Bettdecke weiter, wenn meine Eltern glaubten, dass ich das Licht ausgemacht und mich ins Traumland begeben hätte.

Jahre später hat Mama mir erzählt, dass sie innerhalb weniger Tage dieses Geheimnis gelüftet hatten. Sie und Papa haben darüber geschmunzelt und beschlossen, mir meine Freude zu lassen und erst dann einzugreifen, wenn sie das Gefühl hätten, ich wäre morgens zu sehr übernächtigt. Ach Katrin, wie schlau und lieb meine Eltern doch waren!

Emma stand auf, ging zum Fenster und lehnte die Stirn gegen die kühle Scheibe in der Hoffnung, einen klaren Kopf zu bekommen.

'Bücher', dachte sie. 'Bücher haben in meinem Leben eine wirklich bedeutende Rolle gespielt.'

Als erwachsene Frau hatte sie zunächst Liebesromane bevorzugt, danach war sie regelmäßig in die spannende und manchmal blutrünstige Welt der Krimis eingetaucht. Doch auch Hermann Hesse, Paulo Coelho oder Heinrich Böll konnten ihre Aufmerksamkeit fesseln. Phasen des esoterischen Interesses wechselten sich mit dem Studium der Belletristik ab.

Heute war das große, randvolle Bücherregal ihr ganzer Stolz. Es nahm zwei komplette Wände des Wohnzimmers ein, wofür sie gerne auf einen Schrank verzichtet hatte.

Erinnerst Du Dich noch, als wir das erste Mal über Bücher sprachen? Unsere gemeinsame Leidenschaft führte dazu, dass wir nahezu die ganze Nacht durchgequatscht haben und am nächsten Tag hundemüde, aber glücklich in der Vorlesung saßen. Ach, es waren wunderschöne Stunden, die langen Gespräche mit Dir! Oft waren wir einer Meinung. Wenn nicht, warst Du meine Meisterin. Ja, das klingt pathetisch, aber ich meine es genau so, Katrin. Vor Dir kannte ich niemanden, der so klar seine eigene Vorstellung ausdrücken konnte und gleichzeitig mit großem Interesse die Meinung des anderen hören und akzeptieren konnte. Wie viele Male habe ich dich sagen hören: "Interessant, so kann man das also auch sehen!" Dabei hast Du mit dem Kopf hin und her gewackelt, als hättest Du Wasser in den Ohren. Niemals wärst du auf die Idee gekommen, Deine eigenen Gedanken und Dich selbst zu verraten. Liebe Katrin, zu sich zu stehen, egal was die anderen denken, ja, diesbezüglich habe ich viel von Dir lernen dürfen. Habe ich mich jemals dafür bei Dir bedankt? Ich bin mir nicht sicher. Also, vielen lieben Dank für die lehrreichen Stunden mit Dir.

Nach dem Abitur hatte Emma ein Studium der Betriebswirtschaftslehre begonnen. Das Lernen fiel ihr leicht und sie konnte eine relativ unbeschwerte Phase ihres Lebens als Studentin durchleben. Mit 22 Jahren hatte sie Johann kennen gelernt, einen fast gleichaltrigen Schreiner. Wie immer, wenn Emma an die erste Zeit mit Johann dachte, kamen ihr auch jetzt die Tränen. Sie stand auf und stellte sich vor die Bücherwand. Ihr Blick glitt die Regalbretter entlang und blieb an einem kleinen, gebundenen Buch hängen. Sie hatte es von Johann geschenkt bekommen. Es war das wertvollste Geschenk ihres Lebens! Nach ihrer ersten Liebesnacht hatte Johann es ihr mit der Post zugeschickt. Sie erinnerte sich an den pochenden Herzschlag, die Schmetterlinge im Bauch und dieses besondere Gefühl, als sie das Seidenpapier entfernte und das Buch in Händen hielt. Wenn auch von vielsagender Tiefgründigkeit, so hatten weder der Inhalt noch der Autor des Buches sie so sehr beeindruckt. Es war das Wissen, dass die Worte in dem Werk Johann nachhaltig geprägt hatten und für ihn etwas ganz Besonderes waren. Sie hatten ihn berührt. Die Tatsache, dass er mit seinem Geschenk diese Berührung mit ihr zu teilen suchte, machte das Buch für sie zu einem einzigartigen Geschenk. In diesem Moment war Emma klar geworden, dass ihre neue Liebe etwas war, was sie so noch nicht erlebt hatte. Alles war neu, so anders und besonders. Ihr Herz schlug mit Johanns Herz in Einklang und war erwärmt.

Der junge Mann hatte seine Freundin auf Händen getragen und ihr jeden Wunsch von den Augen abgelesen. Es war eine ganz besondere, große Liebe, eine Beziehung im Gleichgewicht von Geben und Nehmen.

'Wenn ich mir einen Mann hätte backen können', dachte Emma 'dann wäre er genau wie Johann geworden!' Sie lachte schluchzend auf, während ihr einige Tränen über die blassen Wangen liefen.

Wie glücklich war ich, liebe Katrin, dass Du Dich gut mit Johann verstanden hast. Zu dem Zeitpunkt, als ich ihn kennen lernte, warst Du mir so wichtig, dass ich schweißnasse Hände hatte, als ich wusste, ihr werdet Euch zum ersten Mal begegnen. Es hätte mir wirklich das Herz gebrochen, wenn ihr nicht miteinander klar gekommen wäret. Und was sagtest Du ganz trocken, als ich Dich aufgeregt fragte, wie du meinen Liebsten findest? „Hm, war ja klar, dass du einen guten Geschmack hast." Auch Johann mochte Dich gerne und

14

ich schwebte auf rosaroten Wolken. Unsere Freundschaft erfuhr eine bereichernde Ergänzung, als Du zwei Jahre später Sebastian kennen lerntest. Wie oft sind wir zu Viert losgezogen. Wir hatten viel Spaß miteinander! Aber ich glaube, das Wichtigste an unserer Bande war die Tatsache, dass wir auch zusammen weinen konnten. Zum Beispiel, als Dein Papa starb. Es war in der Zeit, als wir unsere Diplomarbeiten schrieben. Ganz unerwartet erwachte er morgens nicht mehr, er hatte einfach aufgehört zu leben. Herzinfarkt, sagte der Arzt, der den Leichenschein ausfüllte. So ein nüchternes Wort für diesen unermesslichen Schmerz, der Dich damals überfallen hat. Wir haben uns gemeinsam erinnert und zusammen geweint. Später hast du oft erzählt, dass Du diese schwierige Zeit als wertvolle Erfahrung betrachten konntest. Wir waren einfach da, für Johann und mich war das selbstverständlich. Als ich Dir sagte, dass es mir ein Bedürfnis sei, in dieser Zeit für Dich da zu sein, hast Du geantwortet:
"Aber das schließt doch meine Dankbarkeit darüber nicht aus!" So warst Du und so bist Du. Schlicht verpackst Du große Lebensweisheiten in kleine Sätze.

Während Emma ihr Studium beendete, hatte Johann sich auf die Restauration alter Möbel spezialisiert. Seine Arbeit übte er mit einer großen Liebe, voller Respekt und Hingabe aus. Jeder konnte sehen, wie ernsthaft und begeistert er Holz berührte. „Holz lebt", hatte er oft gesagt. „Es ist der schönste Werkstoff, den ich mir vorstellen kann. Ein Meisterwerk der Natur, dem ich mich nur ehrfürchtig annehmen kann." War eine besonders aufwendige Arbeit fertig gestellt, dann hatte er Emma manchmal gebeten, in die Werkstatt zu kommen. „Schau nur", hatte er mit den leuchtenden Augen eines Kindes gesagt und war sanft über die Ablage des alten

Vitrinenschrankes gestrichen, den er aus einem jammervollen Zustand befreit und zu einem Meisterstück gemacht hatte.

„Ist er nicht wunderschön?"

Ach Katrin, ich denke immer wieder an die Zeit gegen Ende des Studiums zurück. Johann hatte sich bereits in relativ kurzer Zeit einen Ruf als fingerfertiger Restaurator gemacht. Es war eine wahre Freude, ihm beim Arbeiten zu zu sehen. Ihm zu zusehen! Seine Freude und Begeisterung, wenn er ein altes herunter gekommenes Möbelstück zu neuem Leben erweckt hatte. Natürlich gefielen mir seine Arbeiten, aber eigentlich war er es, an dem ich mich dann nicht satt sehen konnte. Wie er sein Glück zum Ausdruck brachte! Mit strahlenden Augen, Sägespänen in den dunklen verwuschelten Locken und seinem auffallend mitreißendem Lachen stand er dann da. Unter seiner obligatorischen blauen Latzhose trug er ein altes T-Shirt, das seine wohl geformten Handwerkermuskeln gut zur Geltung brachte. Ich habe mich dann jedes Mal neu in ihn verliebt und dem Himmel ein stummes Dankgebet geschickt, dass ich mit diesem wunderbaren Menschen zusammen sein durfte. Ich habe ihn und seine Arbeit sehr bewundert.

Für Emma und Johann war es nicht wirklich wichtig gewesen, aber sie waren auch optisch ein schönes Paar. Der große, dunkelhaarige Mann, der immer ausgesehen hatte wie ein Sportler mit dem Schalk eines kleinen Jungen im Blick und die zierliche Emma mit ihrem langen Haaren und den bernsteinfarbenen Augen, die so gut in die Ferne und durch alles hindurch schauen konnten.

Die bereits verloren geglaubten Tränen flossen nun doch in Strömen.

„Ach, Johann", flüsterte Emma und weinte lautlos. „Ich wünschte, du wärst jetzt hier." Sie stand auf, unschlüssig, was sie tun wollte. Den Blick auf das Fenster gerichtet glitt sie langsam mit dem Rücken an der Wand entlang, bis sie schluchzend auf dem Wohnzimmerboden hockte. Das Gesicht in den Händen verborgen lies sie ihren Gefühlen freien Lauf. Noch vor einer halben Stunde hatte sie geglaubt, keine Tränen mehr zu haben, und nun weinte sie seitdem bereits zum zweiten Mal. Ihre Schultern erbebten unter dem Schluchzen und Weinen. Johann war nicht da. Er würde nie mehr da sein. Es brach ihr zum tausendsten Mal das Herz.

„Warum durften wir nicht gemeinsam alt werden, so wie andere Paare auch?" schluchzte Emma.

„Warum war überhaupt so Vieles ganz anders, als wir uns das gemeinsame Leben vorgestellt haben?"

Emma stand wieder auf, die Kälte der Wand durchdrang ihren Pullover, fröstelnd rieb sie sich über die Arme. Ihr Blick fiel auf die einfach geschwungene Blüte an einer großen Zimmerpflanze, die im Raum stand. Die Blüte war einfach, aber perfekt. Emma seufzte.

'Wenn doch alles im Leben in seiner Schlichtheit so perfekt sein könnte', dachte sie. 'Wie diese Blüten, wie ein Kätzchen. Oder wie ein Baby.'

Johann wäre ein wunderbarer Vater geworden. Und sie hätte so gerne die Mutterrolle ausgefüllt, eine Aufgabe, die das Leben ihr verwehrt hatte. Ihr Herz verkrampfte sich im Schmerz, den sie immer verspürte, wenn sie an Eva dachte.

Als ich von meiner Schwangerschaft erfuhr, konnte ich Johann nicht erreichen und so durftest Du, liebe Katrin, es als Erste erfahren. Du wusstest, dass Johann und ich uns eine kleine Familie wünschten und hast Dich so sehr mit uns gefreut! Die kommenden Monate waren von einer besonderen Aura umgeben, ich wünschte mir, das Leben könne immer so bleiben. Johann war glücklich, er war so liebenswert und rücksichtsvoll mir gegenüber. Auch meine Eltern freuten sich über die Aussicht, nun bald Großeltern sein zu dürfen. Es gab keinen Hinweis darauf, dass unser Glück nur gepachtet war.

Eva starb kurz vor dem errechneten Geburtstermin in meinem Bauch. Ein unglaublicher Schock für uns! Du warst mir in dieser Zeit Stütze und Halt, denn Johann war verständlicher Weise mit seinem eigenen Schmerz beschäftigt, auch wenn er mir gegenüber versuchte, stark zu sein. Ich habe mein wunderbares Mädchen auf die Welt gebracht. Ein kleiner Engel. Hatte sie Angst vor dem irdischen Leben? Warum wollte sie nicht atmen und das Leben mit uns teilen? Die Ärzte fanden keine Antworten auf unsere bohrenden Fragen. Es war so schlimm, Katrin, ein Albtraum, aus dem ich lange brauchte, zu erwachen und wieder in meinem normalen Alltag anzukommen. Nach so einem Erlebnis gibt es kein Anknüpfen mehr an das Gestern. Die Vergangenheit hatte ihre eigenen Regeln gebastelt und somit unsere Gegenwart vollkommen auf den Kopf und die Zukunft in Frage gestellt. Wir brauchten über ein Jahr Zeit zum Weinen und Trauern, und auch wenn es stimmt, dass die Zeit alle Wunden heilt, so blieb mein Kind, mein kleines geliebtes Mädchen, der Mittelpunkt in meinem Herzen und Fühlen und Denken. Bis Johann mich irgendwann fragte, ob wir nicht versuchen sollten, noch ein Kind zu bekommen. Zunächst konnte ich mir das gar nicht vorstellen. Es schien mir wie ein Verrat an Eva zu sein, als solle die Erinnerung an sie durch ein weiteres Kind getilgt werden. Und wieder warst Du es, meine liebe

Katrin, die mir in langen Gesprächen klar gemacht hat, dass dem nicht so sein würde.

„Andere Familien haben auch zwei Kinder, warum ihr nicht?" Diese Frage hast Du in deiner ruhigen Art in den Raum gestellt und somit hast Du wieder deine unglaubliche Gabe bewiesen, die Wahrheit und das Leben so zu sehen, wie es einfach ist. Nicht mehr und nicht weniger. Und dann sagtest Du etwas, was mir mehr half als alle guten Ratschläge von lieben Menschen es gemeinsam tun konnten. Du sagtest: "Höre einfach auf dein Herz."

Am Tag danach beschlossen Johann und ich, einer zweiten kleinen Seele die Möglichkeit zu geben, ihr Leben mit uns zu teilen. Leider wurde ich nicht mehr schwanger. Während ich andere Schwangere mit Melancholie betrachtete, war in mir dennoch reine Freude, dich und Sebastian auf eurem Elternweg begleiten zu dürfen. Deine Bedenken, mir Deine Schwangerschaft mit Felix zu 'gestehen' waren unbegründet. Wie gerne bin ich die Patentante des kleinen Rackers geworden und habe es sehr genossen, ihn und Eure Pauline aufwachsen zu sehen. Wenn wir schon keine eigenen Kinder hatten, so durften wir an allen Freuden und Ängsten bei euch teilhaben und das war wunderschön. Katrin, die Beiden sind wundervolle junge Menschen geworden und ich bin mir sicher, Du findest die richtigen Worte, um ihnen zu erklären, warum Tante Emma solch einen Weg aus dem Leben gewählt hat.

Emma atmete tief durch. Sie hatte ihren Entschluss lange durchdacht und mit sich herumgetragen. Diese Worte zu schreiben war wie die erste Manifestation dessen, was sie zu tun gedachte. Eine Hitzewelle durchströmte ihren Magenbereich und verteilte sich schubweise im ganzen

Körper. Es waren keine Zweifel, die sich meldeten, sondern ein eindringliches Gefühl von Unsicherheit und Angst vor dem, was vor ihr lag. Wenn es nun doch noch Etwas nach dem Leben gab? Wenn es doch Sünde war, sein Leben weg zu werfen, so wie die Kirche es predigt? Könnte ein Gott sie richten, sie zur Buße in die Hölle schicken?

„Gott!" sagte Emma in den Raum und erschrak über ihre harte, laute Stimme.

„Wo warst du denn, als ich dich gebraucht hätte? Sagt die Kirche nicht, du liebst alle deine Kinder? Wie kannst du dann so viel Leid zulassen?"

Sie schüttelte den Kopf. Nein, sie hatte sich entschieden, dass es keinen Gott geben könne. Als Kind hatten ihre Eltern versucht, Emma das Bild eines gütigen, verzeihenden Gottes zu vermitteln. Ihr Leben als erwachsene Frau hatte sie immer mehr daran zweifeln lassen und seit 16 Jahren nun hatte sie den Glauben an einen gerechten Gott endgültig verloren.

Meine liebste Freundin, was wäre mit mir geschehen, wenn Du vor 16 Jahren nicht an meiner Seite gewesen wärst. Ich weiß es nicht. Nach Johanns Unfall war ich nicht mehr Herrin meiner Sinne. Die Menschen irren, wenn sie gut gemeinte Aufmunterungen wie: 'Das Leben geht weiter!' machen. Welches Leben? Ja, die Zeit scheint einen verblassenden Schleier über die Vergangenheit zu legen. Aber glaube mir, Katrin, niemals kann der Traumatisierte ganz vergessen. Ich will nicht sagen, dass es in den vergangenen Jahren keine lebenswerten Momente mehr gab. Sicher, vor allem durfte ich durch Dich und Deine Familie Halt und Stärkung erfahren. Aber meine Wunden lecke ich heute noch, wie man so schön sagt. Wie soll eine Frau damit klarkommen, wenn sie erst ihr Kind und dann ihren

Mann verliert? Dieses verfluchte Motorrad! Wenn wir ein Kind gehabt hätten, dann hätte Johann auch das Motorrad abgeschafft, das hatte er mir versprochen! „Ich liebe dieses Fahren mit allen Sinnen", schwärmte er immer. „Fahre mit dem Motorrad im Sommer durch die Straßen an den frisch gemähten Wiesen vorbei, dieser Duft! Autofahren ist auch schön, aber es ist nicht so sinnlich." Nun, ich habe ihn durchaus verstanden. Er war ein Mensch, der sehr bewusst die kleinen und großen Schönheiten des Lebens wahrnahm und sich daran erfreuen konnte wie ein kleiner Junge. Zudem war er sehr umsichtig, niemals habe ich einen Gedanken daran verschwendet, ihm könne aus Leichtsinn etwas zustoßen. Nicht nur ich habe es ungläubig zur Kenntnis genommen, als die Polizei vor der Tür stand.

„Sind sie Frau Schreiber?"

Oh, niemals werde ich diese Frage vergessen, sie war wie die gesprochene Einladung durch die Türe in die Hölle zu gehen. Liebe Katrin, Du warst es, die mir die Hand gehalten hat, als ich Johann identifizieren musste und das habe ich Dir nie vergessen. Alleine hätte ich das nicht geschafft. Nur mit deiner Hilfe konnte ich auch einigermaßen meinen Hass und die Rachegelüste loswerden, die ich dem alten Mann gegenüber hatte, der Johann mit seinem Auto die Vorfahrt genommen hatte. Na ja, so richtig losgeworden bin ich sie nie, sagen wir mal, sie sind im Laufe der Jahre etwas von mir gerückt, so wie ein Bild, das lange in der Sonne liegt und allmählich verblasst. Das Motiv bleibt dennoch das Gleiche.... Oh, wie habe ich es verabscheut, wenn in den Jahren nach Johanns Tod diese hinterhältigen Fragen vermeintlicher Freunde kamen, mit einem Augenzwinkern, als sei es ein lustiges Spiel, heraus zu finden, ob es vielleicht einen neuen Mann an meiner Seite gäbe. Ich danke Dir sehr dafür, dass Du -selbst wenn Du *es für gut empfunden hättest- mich nie auf dieses Thema angesprochen hast. Ich war 43 Jahre als, als ich Witwe wurde und bin mir durchaus bewusst, dass in diesem Alter noch einige Lieben gelebt werden könnten. Es ist auch nicht so, dass ich glaubte, ich könne es Johann nicht antun. Ich weiß auch nicht, irgendwie kam es mir nie in den Sinn, einen neuen Mann in mein Leben zu lassen. Wer sollte auch dem Vergleich mit Johann standhalten können? Es wäre vermutlich jedem Anderen gegenüber unfair gewesen.*

Bei dem Gedanken an ihre große Liebe musste Emma lächeln. Sie blickte auf ein Leben zurück, das aus ihrer Sicht anstrengend und mit Wehmut besetzt war. Andererseits war ihr klar, dass nicht viele Menschen das Geschenk einer solch großen, bedingungslosen Liebe zuteilwurde.
„Zumindest dafür kann ich dankbar sein", seufzte sie und trank noch einen Schluck Wasser, bevor sie sich wieder ihren Briefbögen zuwandte, von denen sie eine Seite nach der anderen füllte.

Nun, stattdessen kam ein anderer Begleiter in mein Leben. Ein kleines diffuses Knötchen, unter der Dusche ertastet und für einen geschwollenen Lymphknoten gehalten, der einen Infekt ankündigt. Da ich zwei Wochen später ohnehin einen Vorsorgetermin hatte, habe ich mir keine Gedanken gemacht, sondern einfach meine Ärztin so ganz nebenbei darauf angesprochen. Den Rest der Geschichte kennst Du zu gut, Katrin, denn wieder warst Du meine treue Begleiterin, Trösterin, Mutmacherin. Ich kann mich glücklich schätzen, einen Menschen wie Dich zu kennen. Na ja, gekannt zu haben, wenn Du dies liest. Es ist mir eine ganz besondere Ehre, sagen zu können: Du bist meine Freundin. Du hast mich

zur Chemotherapie gefahren und mir die Nierenschale hingehalten, wenn ich mich zum hundertsten Mal übergeben musste. Mit einer Selbstverständlichkeit, die alles andere in den Schatten gestellt hat. Unglaublich! Leider konnte die Chemo mir nur einen kurzen Aufschub gewähren. Ganz ehrlich, Katrin, wenn ich heute noch einmal vor der Entscheidung stünde, ich würde mir diese Tortur nicht mehr antun. Du spürst förmlich das Gift durch deinen Körper strömen und wenn du dich vorher nicht todkrank gefühlt hast, dann tust du es jetzt. Aber wie alle Menschen habe auch ich einfach versucht, mein Leben zu erhalten und die angebotenen Möglichkeiten dazu zu nutzen. Heute frage ich mich manchmal, ob ich das wirklich wollte oder ob ich es eher im Reflex getan habe. Habe ich die entarteten Zellen mit Chemikalien bekämpft und ihnen doch mental wieder ein Hintertürchen geöffnet? Habe ich vielleicht in dem Feind einen Freund gesehen, die Chance, die es mir ermöglicht zu gehen, ohne dass ich selbst schuld bin? Ich kann es nicht ausschließen. Du weißt, wie sehr ich mit meinem Leben gehadert habe. Möglicherweise hat mein Unterbewusstsein den Krebs eingeladen, um mir die Last von den Schultern zu nehmen, sagen zu müssen: "Hey, Leute, ich will nicht mehr leben. Seht ihr denn nicht, dass das kein Leben ist? Ich habe keine Freude mehr, keinen Mut, keine Kraft. Willkommen, ihr vernichtenden Zellen, danke, dass ihr das für mich erledigt."
Oh je, liebe Katrin, ich weiß, es ist nicht leicht für Dich, diese Zeilen zu lesen. Jahrelang hast Du mich unterstützt und mir gezeigt, dass Leben dennoch schön sein kann und nun liest Du meinen Abschiedsbrief. Ich gestehe, dass ich mich ein wenig wie eine Verräterin fühle.

Verzeih mir. Bitte, verzeih mir.

Ich möchte nicht mehr und ich brauche auch nicht mehr. Der Punkt ist erreicht, an dem ich meine Metastasen vorschieben kann, um aus dem Leben zu gehen. Du weißt, dass meine Lebenszeit inzwischen sehr begrenzt ist und ich in den nächsten Wochen, höchstens Monaten, große Qualen vor mir hätte. Ja, Du würdest mich auch auf diesem Weg begleiten, meine treue Seelenschwester, und ich danke dir dafür. Ich danke Dir für alles, was Du für mich getan hast. Für jede Minute, die wir miteinander verbracht haben. Für jedes liebe Wort, jede Geste, denn alles kam von Herzen und mit Liebe. Deine Zuneigung zu mir hat mich viele Jahre meines Lebens mitgetragen und wenn es einen Segen gibt, so warst Du der Meine.

Sollte es doch einen Gott geben, so schütze er Dich und Deine Familie und gebe Dir die Stärke, nach dem Lesen meiner Zeilen gelassen sagen zu können: "Sie hat es so gewollt, es ist in Ordnung."

Denn so ist es.

Bleib so, wie Du bist, Du bist ein wundervoller, besonderer Mensch. Bewahre die Erinnerung an mich in Deinem Herzen auf und wisse, dass Du alles richtig getan hast.

Dies schreibt Dir in großer Zuneigung und Liebe, Deine Emma

Erstaunt stellte Emma fest, dass immer noch Tränen auf die geschriebenen Worte tropften. Schnell beugte sie sich zurück. Keine Spuren von Traurigkeit sollten für Katrin erkennbar sein, wenn sie den Brief in Händen hielt.

Emma atmete laut hörbar ein und aus und begann, die Seiten zusammen zu falten, um sie dann in einen Briefumschlag zu stecken. Mit entschlossener Miene schrieb sie 'An Katrin' darauf.

'So fühlt es sich also an, die letzten Worte zu schreiben', dachte sie. Obwohl sie Katrin gegenüber ein schlechtes

Gewissen hatte, wusste sie, dass die Freundin ihre Entscheidung akzeptieren würde. Sie war sich des Geschenks dieser besonderen Freundschaft bewusst.

Genau so sicher war sie sich aber auch, dass ihre Entscheidung, die sie sich nicht leicht gemacht hatte, die richtige war.

In den vergangenen Jahren hatte Emma einige Male Antidepressiva eingenommen. Auch waren ihr nach Johanns Tod diverse Beruhigungs- und Schlafmittel verordnet worden, so dass eine stattliche Sammlung dieser Medikamente in ihrem Badezimmerschrank lag. Nachdenklich öffnete sie das Schränkchen und betrachtete die bunten Schachteln, die alle ein trügerisches Versprechen von guter Laune, Schlaf und Gelassenheit mit sich brachten.

'Das ist mal wieder typisch', brummelte Emma.

'Nun habe ich Wochen, nein, sicher Monate gebraucht, um mir meiner Entscheidung sicher zu sein. Aber bis heute habe ich nicht überlegt, welchen Cocktail ich zusammenstellen soll!'

Sie griff nach der blauen Schachtel, die ein Schlafmittel beinhaltete und nach einer Blisterpackung mit Beruhigungstabletten, die keine Verpackung mehr hatten. Dazu nahm sie ein drittes Medikament, ein Antidepressivum mit einer sedierenden Komponente. Behutsam, nahezu feierlich, trug sie die Mittel in die Küche, wo sie sich ein frisches Glas Wasser einschenkte.

Sie hatte einfach genug vom Leben.

„Es reicht!" sagte sie in die Stille hinein.

Genug von den falschen Hoffnungen, die sich nicht erfüllt hatten. Sie wollte sich nicht mehr von einem Tag zum anderen quälen und die schwere Last ihres Herzens mit sich tragen, die sie jeden Tag nieder drückte. Alles, was sie so sehr liebte, war ihr genommen worden. Wo sollte der Sinn dazu sein? Energisch schüttelte sie den

Kopf! Es konnte weder einen Grund geben noch einen Sinn machen, wenn einem das geliebte Kind und der Mann genommen werden. Emma war der festen Überzeugung, dass nach dem Tod ohnehin alles vorbei ist und genau das war ihr Ziel.

„Aus und vorbei", nahm sie ihr Selbstgespräch wieder auf. „Keine Qualen mehr und keine Schmerzen. Keine Kämpfe mehr und keine Schauspielerei für andere."

Nachdem sie sich von den ausgewählten Medikamenten eine große Anzahl Tabletten ausgedrückt hatte, nahm sie diese und das Glas Wasser mit in ihr Schlafzimmer.

Sorgfältig drapierte sie den Brief an Katrin gegen das Bild aus glücklichen Tagen von Johann und Ihr auf dem Nachttisch, so dass er nicht übersehen werden konnte.

Dann begann sie, mit Hilfe des Wassers die Tabletten zu schlucken. Als sie damit fertig war, legte sie sich auf das Bett. Ein Anflug von Panik lief wie eine Hitzewelle durch ihren Körper. Sie jagte ihn mit einer Handbewegung weg wie ein lästiges Insekt.

„Es tut mir so leid, Katrin", sagte sie.

Das waren ihre letzten Worte.

Nun doch weinend schloss sie die Augen und empfing den erwünschten Dämmerschlaf der chemischen Mittel in der Hoffnung, ihr Elend ein für alle Mal hinter sich lassen zu dürfen.

2.

Ja! So musste sich bedingungslose Liebe anfühlen! Und Frieden! Und Freude!

Ein Zustand des Glücks, ohne die bekannten Lasten und mit einer unbeschreiblichen Freude hatte von Emma Besitz ergriffen. Zunächst glaubte sie, die Medikamente ließen sie noch einen letzten, halluzinatorischen Blick darauf werfen, wie schön Leben hätte sein können, bevor ihr Herzschlag sein Finale erlebte.

Helles Licht umgab sie. Nein, es umgab sie nicht nur, es schien auch in ihr zu sein und sie dadurch mit ihrer Umgebung zu verbinden. Obwohl das Licht ganz klar und hell war, schien es verschiedene Farben wieder zu spiegeln. Interessanterweise fühlte sie sich nicht geblendet.

'Ich brauche doch eigentlich beim ersten Lichtstrahl schon meine Sonnenbrille', erinnerte sie sich verwundert an ihre empfindlichen Augen.

Das Licht konzentrierte sich in ihrem Magen, es fühlte sich an, als habe sie einen süßen, warmen Kakao getrunken.

'Nein, viel besser', dachte Emma. 'Es ist so, als habe ich eine kleine Sonne verschluckt!'

Über diese Vorstellung lachte sie laut und herzhaft, so wie sie es Zeit ihres Lebens selten und schon seit Jahren nicht mehr getan hatte. Fröhlich glucksend sah sie sich um. Sie saß auf einer Blumenwiese.

Sie fühlte sich, ihren Körper, ihre Freude. Dennoch konnte sie sich selbst dabei betrachten.

Die Verwunderung darüber führte erneut zu einem Lachanfall.

Plötzlich hörte sie eine Stimme:

„Es ist schön, hier anzukommen, nicht wahr?"

Emma wischte sich die Lachtränen aus den Augenwinkeln und schaute sich um. Links schräg vor ihr saß auf einem großen Stein ein Mann.

Er grinste sie an und teilte offensichtlich die Fröhlichkeit, die sie immer noch durchströmte. Er hätte ausgesehen wie der freundliche Nachbar von Nebenan, hätte er nicht eine Mönchskutte in hellem Gelb getragen. Seine blonden Locken fielen bis auf die Schultern und seine blauen Augen leuchteten. Ebenmäßige Gesichtszüge verliehen ihm eine gewisse Attraktivität. Emma betrachtete ihn aufmerksam. Die Situation, in der sie sich befand, fühlte sich merkwürdiger Weise sehr vertraut an, als müsse alles so sein, wie es ist.

„Herzlich willkommen!" sagte der Fremde auf dem Stein. Langsam erhob er sich, seine Bewegungen waren geschmeidig und sein Gang war nahezu ein Schweben, als er nun auf Emma zukam.

„Danke", erwiderte sie seine Freundlichkeit. Ohne sich dagegen wehren zu können, wurde sie erneut von einem Lachanfall geschüttelt.

„Nun sag mir nicht, ich bin im Himmel!"

Der Mann lachte mit.

„Was denkst du denn, wo du bist?" fragte er.

Emma überlegte. Sie hatte keine Ahnung.

„Hoffentlich nicht in dem Traum, den das Koma mit sich bringt, weil ich zu schnell gefunden und auf die Intensivstation gebracht wurde?" fragte sie voller banger Vorahnung. Sie griff neben sich in die Wiese, um sich von deren Echtheit zu überzeugen. Instinktiv wollte sie ein Gänseblümchen pflücken, ließ es aber bleiben, nachdem sie sah, dass auch die kleine Blume dieses Licht ausstrahlte, von dem hier alles durchdrungen schien. Sie konnte den Grashalmen und Blumen fühlen und ließ einige sanft durch ihre Finger gleiten.

„Koma?" Der Fremde lachte schallend, seinen Kopf dabei in den Nacken werfend.

„Oh, du bist nicht die erste Person, die das glaubt. Nein, ich kann dich beruhigen, dein Plan ist vorschriftsmäßig aufgegangen. Du bist vor einigen Stunden gestorben."

Mit einem leichten Ächzen plumpste der Mönch neben Emma auf die Wiese. Er zwinkerte mit seinen blauen Augen.

„Entschuldigung, ich habe mich noch gar nicht vorgestellt. Mein Name ist Infinitus, ich bin hier sozusagen für den Empfang zuständig."

Emma musste nun erst einmal ihre Gedanken ordnen. Hatte dieser Mann tatsächlich gerade behauptet, sie sei gestorben?

Wieso hatte sie das nicht bewusst wahrgenommen?

Und er empfange sie?

Wo?

Emma war verwirrt.

„Hallo Infinitus. Ich bin Emma", antwortete sie und hielt ihm die Hand hin. Der Händedruck war warm und freundlich, er war fest und sanft zugleich.

„Ich weiß."

„Wie, du weißt?"

Emmas Verwirrung nahm zu. Sie blinzelte und nahm aus ihren Augenwinkeln den an die Wiese angrenzenden Laubwald nur schemenhaft wahr.

„Nun ja", antwortete Infinitus. „Ich weiß natürlich immer, wer hier ankommt."

Das erinnerte Emma an die wichtigste Frage.

„Wo ist: Hier?"

Infinitus kratzte sich am Hinterkopf und lächelte sie an.

„Du bist hier nirgendwo und überall. In der Unbegrenztheit des Seins."

Emma versuchte, zu verstehen, wovon Infinitus redete. Sie drehte sich ihm zu.

„Also", begann sie langsam. "Du sagst, ich sei gestorben?"

„Richtig!"

„Dann bin ich also da, wo die Toten sind?"

Infinitus wackelte mit dem Kopf hin und her.

„So würde ich das nicht sagen. Dazu müsste ich von einer Endlichkeit ausgehen."

„Noch einmal von vorne. Ich bin tot und nun da, wo ich hingehöre, da ich gestorben bin."

Infinitus klatschte in die Hände und lachte.

„Ja, so ist es."

„Ich bin aber nicht da, wo die Toten hingehören, da das Leben sonst endlich wäre? Hä? Das Leben ist endlich, sonst wäre ich doch nicht gestorben!"

Infinitus nickte zustimmend und legte ein Bein über das andere, was ihn in seiner Kutte weiblich aussehen ließ. Er wippte mit dem Fuß und betrachtete Emma aufmerksam. Sie hatte das Gefühl, er lese in ihren Augen. Das Gespräch erschien ihr verwirrt und verrückt. Die merkwürdigste Tatsache dabei war jedoch, dass sich alles normal anfühlte. Ihr Verstand sagte ihr, dass der Tod beängstigend war und ist und versuchte sich Gehör zu verschaffen. Im Gegensatz dazu war sie mit ihren

Emotionen ganz im Reinen. Verstanden hatte sie aber noch nicht, was genau passiert war. So begann sie noch einmal, den Faden aufzurollen.

„Wenn du sagst, ich bin tot, aber nicht am Ende der Endlichkeit angelangt, heißt das, es gibt keinen Tod?" fragte sie.

Infinitus sprang auf.

„Ja", schrie er. „Ja! Emma, du hast es so schnell verstanden! Ich bin stolz auf dich."

Er fiel ihr um den Hals, eine nahezu kindliche Geste, worüber Emma herzlich lachen musste.

„Freust du dich immer so?" fragte sie, in sein Lachen einfallend.

„Freude, meine Liebe", antwortete er. „Freude findest du, wenn dein Herz offen ist und du die Emotion des anderen mitfühlst. Daher haben wir hier unendlich viel davon."

Er stand auf. Emma folgte ihm wie selbstverständlich, denn sie hatte noch viele Fragen. Am Rand der Wiese führte ein Kiesweg durch die Felder, begrenzt durch einen kleinen Bach, dessen Wellen ein Lied in die Ruhe der Natur sangen. Auch zwitscherten die Vögel am Himmel und begleiteten Emma und Infinitus, die auf den Wald zusteuerten.

„Sag mal", begann Emma wieder das Gespräch. „Wenn ich hier im Himmelreich oder Diesseits oder so bin, warum sieht es denn aus wie an einem wunderschönen romantischen Fleckchen Erde dort, wo ich herkomme?"

Infinitus hielt kurz an. Mit einer Handbewegung deutet er in die Richtung, in der Emma einige Kaninchen und Rehe auf der Wiese sehen konnte.

„Wie im Heimatfilm, nicht wahr?" Der Mann lachte sein herzhaftes Lachen.

„Du könntest jede Kulisse haben. Es ist nicht so wichtig. Aber so fällt den Menschen, wenn sie ihren physischen Körper verlassen haben, die Orientierung leichter."

„Ich kann jede Kulisse haben? Das glaube ich nicht, wie soll das funktionieren?"

Kaum hatte Emma diese Worte ausgesprochen, befand sie sich vor einem Beduinenzelt in der Wüste. Irritiert kniff sie die Augen zusammen und öffnete sie wieder. Immer noch war sie von einer unendlichen Weite Sand umgeben, einige Meter hinter ihr waren zwei Kamele an einem Holzpflock angebunden, aus dem Inneren des Zeltes hörte sie Stimmen.

Auch Infinitus angenehme Tonlage war zu hören. Er trat aus dem Zelt zu ihr und zwinkerte.

„Mitarbeiter von mir." Er grinste.

Emma war sprachlos.

„Warum ist das so?" wollte sie wissen.

Der Mönch zuckte mit den Schultern und brachte sie mit einem Fingerschnipsen wieder auf die Wiese.

„Verzeih", lachte er. „es ist keine Zauberei. Aber ich kann mir den Fingerschnips nie verkneifen. Hat so was von Harry Potter."

Dann wurde er wieder ernst.

„Wir sind hier im Alles und Nichts. Was du siehst, ist dir noch vertraut und du fühlst dich sicherer. Der Übergang von einer Dimension zur Anderen soll sanft und ohne Ängste vor sich gehen."

„Ich fühle gar keine Angst. Das erstaunt mich selber. Wenn ich diese Situation früher erlebt hätte, wäre ich vor Angst gestorben. Ah", Emma schlug sich mit der flachen Hand auf die Stirn und bekam einen Lachanfall. „Ich wäre gestorben. Das ist so komisch!" Sie japste.

Sie streckte ihre Hand aus und berührte Infinitus am Oberarm. Er fühlte sich warm und lebendig an.

„Du fühlst dich an wie ein Mensch", stellte sie erstaunt fest.

„Ja", antwortete er. „So wie die Umgebung gehört auch das zu Spiel."

„Spiel?" fragte Emma neugierig.

„Ja, willkommen zum Göttlichen Spiel, Emma. Möchtest Du jetzt die Spielregeln erfahren?"

„Ja, natürlich!"

„Dann lass uns ein Stück gehen."

3.

Gemeinsam schlenderten sie über die Wiese zu einem Weg, der sich wenige hundert Meter von ihnen entfernt durch die Landschaft schlängelte. Die Gräser und Wiesenkräuter tanzten die Melodie des Windes und neigten ihre Köpfchen mal zu dieser, mal zu jener Seite. Die Blüten sahen aus wie ein Bild, von dem der Betrachter aus der Ferne zunächst den Eindruck vieler bunter Flächen hat und das sich beim näher kommen immer deutlicher als filigranes Kunstwerk darstellt. Außer dem Plätschern eines nahen gelegenen Bachs war das Zwitschern der Vögel das einzige Geräusch. Die Sonne schien, aber die Helligkeit war anders, als Emma es aus ihrem Leben in Erinnerung hatte. Sie schien alles zu durchdringen und jeder noch so kleine Stein reflektierte das warme Licht. Emma setzte langsam einen Fuß vor den anderen und fragte sich, ob die Festigkeit des Bodens, die sie unter ihren Füßen spürte, tatsächlich das imaginäre Produkt einer geistigen Welt war. Oder war es das geistige Produkt einer imaginären Welt? Sie seufzte, denn ihr war klar, dass sie noch nicht verstanden hatte, wo sie war, warum sie hier war und was die Erscheinung von Infinitus damit zu tun hatte. Das Göttliche Spiel, von dem er gesprochen hatte, weckte ihre Neugier. Zu Lebzeiten eher ängstlich gewesen, wunderte sie sich darüber, dass es nun kein Angstgefühl in ihr gab. Der Himmel über ihr war strahlend blau, ab und zu durchsetzt von kleinen weißen Wolken, die wie Wattebausche aussahen. Sie kniff die Augen zusammen und öffnete sie wieder. Wie konnte das sein? Die Landschaft war eine naturgegebene Idylle, wie sie es durchaus schon erlebt hatte. Nun sollte sie gestorben sein und fand sich ausgerechnet da wieder, wo sie herkam? Emma wurde die Bedeutung dieses Göttlichen Spiels insofern klar, dass es die Antwort auf ihre Fragen geben und die Lösung der Situation darstellen würde.

Schweigend erreichten sie den Weg und steuerten auf ein Waldstück zu, welches eine Kombination aus Laub- und Nadelwald war.

„Romantisch!" sagte Emma.

„Nicht wahr. Das passt doch zu dir."

„Ja, Romantik finde ich schön. Woher weißt du das?"

„Ach, Emma, das wirst du im Laufe der Zeit selbst herausfinden. Sicher wartest du schon gespannt darauf, was passieren wird."

„Natürlich. Du kannst dir vorstellen, dass ich verwirrt bin. Wohin gehen wir, was machen wir und wohin soll dies führen? Ich bin doch nicht, ja, wo eigentlich, um spazieren zu gehen?"

Infinitus schaute sie durchdringend an.

„Oh nein, das ist niemand, der gerade aus der Schule des Lebens kommt."

„Schule?"

„Du kannst dein irdisches Leben als Schule betrachten. Es gilt Lektionen zu lernen und Wahrheiten zu erkennen. Darin liegt der Sinn, geboren zu werden."

Emma blieb stehen. Sie hatte sich zu Lebzeiten oft mit Johann und ihren Freunden über den Sinn des Lebens unterhalten. Gerade nach den schweren

Schicksalsschlägen, die sie durchlebt hatte, war es ihr schwergefallen, irgendeinen Sinn darin zu finden. Niemals hatte sie es jedoch für sich selbst gänzlich ausschließen können, dass es vielleicht eine übergeordnete Macht gäbe, die unsichtbare Fäden spinnt und die einen Sinn kennte. Es hatte sich ihr aber nie erschlossen, wie sie eine endgültige Antwort auf diese zentrale Frage nach dem Sinn des Lebens hätte finden können. War die Zeit dazu jetzt gekommen? Sie wandte sich Infinitus zu.

„Du meinst, in der Lebensschule lernt man Dinge wie Respekt oder Sozialverhalten? Sicher geht es um Tugenden?"

„Wenn du es so nennen möchtest, ja. Was denkst du, warst du erfolgreich?"

Emma schnaufte.

„Es wurde mir ja wohl nicht gerade leicht gemacht!"

„Das stimmt", antwortete Infinitus. „Ich weiß, dass Du einige anstrengende Lebenssituationen durchmachen musstest."

„Anstrengend ist nett ausgedrückt", entrüstete sich Emma.

„Entschuldige. Es war nicht wertend gemeint. Wenn du einverstanden bist, werden wir ausreichend Zeit haben, uns einige dieser Situationen aus deinem Leben anzuschauen."

Sie gingen weiter und steuerten auf den Wald zu, den Emma von weitem bereits gesehen hatte. Es war angenehm warm. Ein leichter Windhauch blies ihr durch das Gesicht. Mit Erstaunen stellte Emma fest, dass die Sonne an der gleichen Stelle am Himmel stand wie zu dem Moment, in dem sie Infinitus kennen gelernt hatte. Seitdem waren sicher 2 Stunden vergangen. Oder nicht? Emma hatte jegliches Zeitgefühl verloren.

36

Die ersten Bäume säumten den Weg und sie erreichten den Wald. Es roch herb und die Pflanzen spendeten angenehmen Schatten. Mit Freude betrachtete Emma eine Kastanie, die in voller Blüte stand. Die rosafarbenen Blütenstände dufteten und vermittelten ein Gefühl von werdendem Leben und Leichtigkeit. Neben der Kastanie stand eine Buche. Emma stutze. Die Buche war voller Herbstlaub, eine Symphonie aus gelben, orangefarbenen und braunen Blättern hing an den Ästen und begann bereits, den Boden unter dem Baum in ein buntes Muster zu verwandeln. Hinter beiden Bäumen stand eine Pflanze, deren zartes Frühlingsgrün gerade zu sprießen begann. Zwischendurch befanden sich auch Bäume, die kahle Äste hatten, im Winterschlaf auf die erste Frühlingssonne wartend. Emma war irritiert.

„Infinitus", rief sie. „Hier sind alle Jahreszeiten vertreten! Wie kann das sein?"

Ihr Begleiter lächelte.

„Es ist wunderschön, nicht wahr?"

„Ja, das ist es. Mir fehlen die Worte, es zu beschreiben. Kannst du mir sagen, was ich hier sehe? Ich kann es kaum glauben."

„Nun", gab Infinitus bereitwillig Auskunft. "Wir sind hier im Wald der Nicht-Zeit."

„Wald der Nicht-Zeit? Heißt das, dass es hier keine Zeit gibt?"

„Ja, es gibt keine Zeit und jede Zeit. Zeit ist eine Illusion, die der Mensch sich geschaffen hat. Die Natur kennt nur Rhythmen. So können hier alle Jahreszeiten vertreten sein."

Ein Rascheln im farbenfrohen Gestrüpp zog die Aufmerksam des Paares auf sich. Ein kleiner Feldhase kam hervor, schaute Emma und Infinitus an und lief davon.

„Warum läuft er davon? Ich habe mal gehört, dass im Paradies Menschen und Tiere angstfrei zusammenleben und miteinander kommunizieren können. Ist es nicht das Paradies?"

Fasziniert schaute Emma dem Tier hinterher, das Haken schlagend im Wald verschwand.

„Ach, das Paradies." Infinitus seufzte. „ Das ist eine Erfindung der Menschen. Sie brauchen für alles eine Hoffnung, einen Glauben und einen Namen. Was ist denn ein Paradies? Jeder würde es doch frei nach seiner Vorstellung und somit anders definieren. Löse dich davon, deine Erlebnisse einordnen zu wollen und sie zu benennen."

Nun war Emma neugierig. Sie sog genussvoll die würzige Waldluft ein und verlangsamte ihren Schritt in der freudigen Erwartung der kommenden Ereignisse.

Infinitus schnippte sich ein kleines Blatt von der Schulter, das der Wind dorthin getragen hatte.

„Liebe Emma, wir sind nun im Wald der Nicht-Zeit, um zu beginnen. Alles, was du tun darfst und kannst, bedarf deiner Zustimmung. Du bist dein eigener Bestimmer, ich bin dein Mentor. Das heißt, ich werde dir sagen, welche Möglichkeiten du nutzen kannst und nach jeder Lektion wirst du zu mir zurückkehren, um gemeinsam mit mir die Quintessenz zu erarbeiten. Kannst du mir bisher folgen?"

„Ich glaube ja. Sprich weiter."

„Du hast nun die Möglichkeit in unterschiedliche Situationen deines Lebens zurück zu gehen und sie zu beobachten. Dabei wird dir die Lehre, die darin enthalten ist, deutlich."

„In mein Leben zurück? Wie soll das funktionieren? Ich kann doch nicht in die Vergangenheit reisen!"

„Du vergisst, dass wir im Wald der Nicht-Zeit sind. Somit kannst du überall hin. Aber zerbreche dir nicht den Kopf, der noch zu irdisch denkt, um zu verstehen. Für uns beide ist zunächst nur deine Entscheidung wichtig, ob du es tun willst oder nicht."

Emma kratzte sich an der Wange. In der Mitte ihres Bauches spürte sie eine lebendige Wärme. Sie hatte das Gefühl, ihre Entscheidung gar nicht wirklich durchdenken zu können. Irgendetwas in ihrem Inneren bedrängte sie, sich auf das Abenteuer einzulassen.

„Was geschieht, wenn ich nein sage?" fragte sie.

„Nichts wird geschehen. Deine Entscheidung wird auf jeden Fall die richtige sein. Mach dir keine Sorgen. Entscheide nicht aufgrund dessen, was du denkst, sondern aufgrund dessen, was du fühlst."

„Ich möchte auf jeden Fall diese Möglichkeit nutzen. Auch wenn ich keine Ahnung habe, was nun auf mich zukommt"

„Das brauchst du auch nicht. Vertraue dem Sein, aber du kannst auch mir vertrauen. Ich bin immer bei dir, auch wenn du mich nicht siehst."

Noch während Infinitus diese Worte aussprach, fühlte sie sich in eine Spirale aus Licht und Wärme gezogen. Allmählich verschwand das Bild des Waldes aus ihrem Blickfeld. Emma hatte das Gefühl zu schweben. Sich dieser Leichtigkeit hingebend, hörte sie plötzlich Johanns Stimme.

4.

„Bei der Finanzierung müssen wir berücksichtigen, dass mein Gehalt als Selbstständiger Schwankungen unterliegt."

Johann neigte sich ihr zu. Vor ihnen auf dem Tisch lagen im Immobilienteil aufgeschlagene Zeitungen. Einige Anzeigen waren mit gelbem Textmarker angestrichen.

Emma konnte es nicht glauben. Aus einer Perspektive, die so mehrdimensional war, dass sie sich selbst, Johann und den Raum aus allen Winkeln betrachten konnte, war sie zur Beobachterin ihrer selbst geworden. Einerseits hatte sie die entsprechende Distanz zu der Szene, andererseits fühlte sie die Emotionen, die sie in dieser Situation als Mensch hatte. Emma erinnerte sich genau. Sie war 29 Jahre alt und saß mit ihrem Mann Johann in der Küche ihrer Mietwohnung. Lange hatten sie darüber diskutiert, wann der richtige Zeitpunkt sein könnte, um eine eigene Wohnung oder ein kleines Haus zu kaufen. Emma arbeitete seit fast 5 Jahren als Betriebswirtin in einem kleinen Unternehmen für Elektronikbedarf und Johann hatte sich einen Namen als Restaurator für Holzarbeiten gemacht. Sein Auftragsbuch war seit einigen Jahren meistens gefüllt. Während der ersten Jahre ihrer Ehe hatten sie eher bescheiden in der

Dreizimmerwohnung gelebt und nur wenige ausgewählte Reisen gemacht. Das restliche Geld hatten sie vernünftig verwaltet und nun waren sie der Meinung, damit den Grundstein gelegt zu haben, um den Traum vom Eigenheim zu verwirklichen. Emma spürte die freudige Aufregung, die in der Luft lag.

Johann küsste sie auf die Nase. Er trug ein blaues T-Shirt mit der Aufschrift 'Titanic Swim Team 1912', was seiner Art von Humor genau entsprach. Seine Haare waren noch feucht, da er vor wenigen Minuten geduscht hatte. Emma sog den herben Duft des Männerduschgels ein. Erfreut betrachtete sie Johann mit all ihrer Liebe. Sie hatte einen Trainingsanzug an, Emma liebte es, in der Freizeit leger gekleidet zu sein. Die schwarze Jogginghose und die pinkfarbene Sweatjacke hatte sie sich schon vor vielen Jahren gekauft und mochte sich von den bequemen Kleidungsstücken nicht trennen, auch wenn sie schon recht verwaschen waren. Sie strich sich eine Strähne hinter das Ohr. Als Beobachterin konnte Emma sehen, wie ihre Augen glücklich blitzten. Zu dieser Zeit war die Welt noch in Ordnung gewesen.

„Also, ich finde, diese Annonce hier klingt am besten", sagte sie und zog die Zeitung näher zu sich heran. Laut las sie die Anzeige vor: "Einfamilienhaus, Grundstück 7 ar, ruhige Wohnlage, 130 qm Wohnfläche, 5 Zimmer, Küche, Bad, unterkellert, Garage. Das ist doch genau das, was wir suchen."

Johann nickte.

„Klingt nicht schlecht. Wann wurde das Haus denn gebaut?"

„1989, Bad und Küche sind im vergangenen Jahr neu gemacht worden. Preislich ist es auch in Ordnung, schau hier."

Johann beugte sich über die Zeitung, die sie ihm hinschob. Er überlegte laut.

„Dann ist die Heizung nicht mehr ganz so neu. Der Preis lässt aber noch einen gewissen Spielraum für uns. Wir sind ja nicht unter Zeitdruck und könnten in Ruhe Renovierungen vornehmen. Solange bleiben wir hier wohnen."

Emma wiegte den Kopf hin und her.

„Grundsätzlich hast du Recht. Allerdings haben wir in der Zeit die Doppelbelastung von Miete und Finanzierungsrate. Ich würde versuchen, zunächst die Dinge fertig zu stellen, die einen Einzug ermöglichen und den Rest machen, wenn wir dort wohnen."

Sie schauten sich an. Johann lachte.

„Zuerst sollten wir mal einen Besichtigungstermin machen, um festzustellen, ob uns dieses Haus überhaupt noch gefällt, wenn wir es in natura sehen. Papier ist geduldig und jeder beschreibt sicher die Sonnenseite seines Hauses."

„Das ist wahr", stimmte Emma ihm zu. „Wer weiß, wie die ruhige Lage tatsächlich aussieht. Vielleicht steht das Haus einsam im Wald oder neben einer Tankstelle. Eine Eisenbahnlinie hinter dem Haus wäre auch toll."

Beide lachten.

Emma spürte die Liebe, die sie mit Johann verbunden hatte.

Als Betrachterin fühlte sie die großen Emotionen im Raum, sie wurde aber nicht von ihnen vereinnahmt. Erstaunt stellte sie fest, dass sie sich und Johann sehen konnte, ohne von der großen Trauer überwältigt zu werden, die zunächst nach Evas und dann nach seinem Tod ihr Leben überschattet hatte. Der unbeschreibliche Schmerz war einer allgegenwärtigen Liebe und Dankbarkeit gewichen.

'Somit bin ich doch im Paradies angekommen' lachte sie in sich hinein. Glücklicherweise fühlte sie sich auch nicht als Eindringling in die häusliche Szene von ihr und ihrem

Mann. Es schien nicht einmal befremdlich, sich in der Vergangenheit zu befinden. Sie wandte ihre Aufmerksamkeit wieder in die Küche.

„Du weißt, dass ich ängstlich bin, was die finanzielle Planung betrifft", sagte Johann gerade.

„Meine Einnahmen sind schließlich nicht sicher."

Emma seufzte ungeduldig. „Johann, seit Jahren bist du ausgebucht. Ich kann nicht glauben, dass du so wenig Selbstbewusstsein hast zu glauben, das könne morgen vorbei sein."

„Ich bin der Meinung, es ist keine Sache meines Selbstwertes. Ich bin einfach Realist. Du hast recht, wenn du mein Einkommen als eine inzwischen stabile Größe betrachtest. Bis heute ist das auch so. Aber garantieren kann mir keiner, ob ab morgen wieder irgendein Auftrag reinkommt."

Emma verdrehte die Augen, strich Johann jedoch liebevoll und beruhigend über den Arm.

„Natürlich nicht. Aber überlege mal, wie hoch die Wahrscheinlichkeit ist. Ach, Johann, das Leben bietet doch niemals eine Garantie für irgendetwas!"

Die beobachtende Emma bekam Gänsehaut, als sie hörte, was sie da sagte. Niemals wäre sie damals auf die Idee gekommen, wie sehr sie die Wahrheit ihrer eigenen Aussage noch zu spüren bekommen sollte.

„Trotzdem." Johann schaute Emma skeptisch an. „Ich möchte, dass wir alles genau durchrechnen und einen Plan erstellen, wie auch mit einem Gehalt unsere Finanzierung nicht zusammenbrechen würde. Sonst fühle ich mich nicht wohl bei dem Gedanken, Schulden zu machen."

Emma beruhigte ihn. „Damit bin ich einverstanden. Außerdem", sie grinste schelmisch. "Wird ja irgendwann einer von uns beiden Elternzeit nehmen."

Nun strahlte auch Johann und zog seine Frau an sich. Sie küssten sich innig. Die Wärme zwischen beiden war greifbar. Johann hatte das Bedürfnis, sich noch einmal zu erklären.

„Kannst du dich an die Familie Steinsel erinnern? Sie hatten das Haus neben meinen Eltern gekauft. Er war Angestellter bei Schmitt und Co und brachte ein ordentliches Gehalt nach Hause. Bis zum bitteren Ende hatte niemand gewusst, dass der Juniorchef die Firma in wenigen Jahren nach seiner Übernahme ruiniert hatte. Innerhalb eines Tages hatte Herr Steinsel keine Arbeit und keinen Lohn mehr. Das Haus mussten sie wiederverkaufen und aufgrund der hohen Zusatzkosten wie Makler und Notar zahlten sie noch 3 Jahre lang Schulden ab, von denen sie keinen Nutzen hatten. Frau Steinsel hat es unter Tränen meiner Mutter erzählt."

Emma nickte.

„Oh ja, ich erinnere mich, wie betroffen deine Mama war. Das ist so traurig. Ich frage mich, womit jemand so etwas verdient hat. Dennoch", sie griff Johanns Hand "gibt es keinen Grund zum Pessimismus. Wir kennen doch so viele Gegenbeispiele von Familien, die ein Haus finanziert haben und nun glücklich dort wohnen."

Johann lachte.

„Ja, und wenn sie nicht gestorben sind, dann leben sie noch heute dort."

Emma schlug ihn lachend auf den Oberarm. Sie liebte den Humor von Johann. Gemeinsam beschlossen sie, den Anbieter des ausgewählten Hauses anzurufen und einen Besichtigungstermin zu vereinbaren.

Wie durch den Schnitt eines Filmes konnte Emma sich und Johann beobachten, als sie vier Tage später im Auto saßen, um das ausgewählte Haus zu besichtigen. Sie empfand es weder beängstigend noch merkwürdig, dass

44

sie diese Sprünge durch die Zeit machen konnte. Es fühlte sich ganz selbstverständlich an.

Emma und Johann waren gerade in ihren kleinen blauen Wagen gestiegen. Alle privaten Fahrten unternahmen sie mit Emmas Auto, da Johann einen Kleinbus hatte, der nicht nur unpraktisch, sondern auch voller Werkzeuge, Kisten und Sägespäne war. Emma mochte ihr Auto, es war klein, brachte sie aber zuverlässig überall hin. Sie trug noch ihren Hosenanzug, den sie zur Arbeit angezogen hatte. Johann neckte sie.

„Wir sehen aus wie die Businessfrau mit ihrem Hausmeister!"

Emma lachte. Johann hatte seine Arbeitskleidung in Jeans und Polohemd getauscht, er sah für sie wie immer unglaublich attraktiv aus. Als sie in das Berufsleben eingestiegen war, hatte sie eine Zeit gebraucht, um sich an Anzug oder Kostüm für ihren Bürojob zu gewöhnen und es gab immer noch Tage, an denen sie sich verkleidet fühlte.

Es war ihr aber durchaus bewusst, dass Kleider Leute machen und sie mit ihrem eleganten Kleidungsstil anders auf die Menschen wirkte als in ihrem geliebten Sportanzug.

„Sie werden denken, ich bin eine Bankerin", sagte sie. Sie korrigierte sich.

„Quatsch, sie werden einfach sehen, dass ich gerade aus dem Büro komme und du nicht. So einfach ist das."

Emma steuerte ihr Auto auf die Bundesstraße, die aus der Kleinstadt herausführte, in der sie lebten. Ihr Ziel lag in einem 1500-Seelen-Dorf, das nur eine knappe halbe Autostunde von der Stadt entfernt lag. Als sie ihre Wohnung angemietet hatten, wählten sie bewusst die Stadtnähe. Es war bequem für Emma, den Arbeitsplatz zu Fuß erreichen zu können. Auch Johann erreichte in wenigen Minuten die kleine Halle, die er für seine Arbeit gepachtet hatte.

Nun waren sie sich einig, dass die geeignete Lage für ein eigenes Haus nicht in der Stadt war, sondern ländlicher und somit ruhiger sein sollte.

„Schließlich werden hier unsere Kinder aufwachsen!" hatte Johann argumentiert. „Sie sollen zum Spielen in die frische Luft können, ohne dass wir Angst haben müssen. Ich bin auch auf dem Land groß geworden und habe viele schöne Erinnerungen an die unzähligen Stunden, die ich mit meinen Freuden in den Feldern, am Bach und am Waldrand verbrachte habe."

Emma fühlte eine große Wärme in ihrem Bauch, die sich nach allen Seiten ausdehnte. Sie lächelte.

„Unsere Kinder. Oh, Johann, das klingt so wundervoll!" Johann nickte. "Hmm, nun werden wir erst mal dafür sorgen, dass wir ihnen ein schönes Nestchen bieten können."

Sie hatten die Hälfte der Strecke zurückgelegt. Die beobachtende Emma hätte nicht sagen können, ob sie sich mit den Beiden im Auto befand. Ihr Blick auf die Szene war wie die einer Kamera, die gleichzeitig mehrere Perspektiven einfangen kann.

Das junge Ehepaar war in ein Gespräch vertieft, in dem sie sich gegenseitig beschrieben, wie sehr sie sich auf die Zukunft freuten und wie schön es sein würde, die Vergangenheit in der manchmal doch durch Mitbewohner im Haus recht geräuschvollen Mietwohnung hinter sich zu lassen.

Kurz darauf bog Emma in eine kleine Sackgasse ein, wo das Haus stand, dass sie besichtigen wollten.

„Sie haben ihr Ziel erreicht", witzelte Johann und brachte wie so oft seine Frau zum Lachen.

„Ich bin ganz aufgeregt. Komm Johann!"

Wieder ein Schnitt. Emma spürte sich wie durch eine Lichtspirale gedreht. Wärme und Licht durchspülten ihren Körper, gepaart mit einer Leichtigkeit, die Zeit und Raum außer Kraft setzte.

„Willkommen zurück", hörte sie die bereits vertraute Stimme von Infinitus.

Emma schaute sich um. Sie saß an einem kleinen Wasserlauf, der neben ihren Füßen plätscherte. Im klaren Wasser konnte sie die Steine auf dem Grund erkennen, die in einer erstaunlich unprätentiösen Art vollkommen waren. Diese schlichten Kieselsteine wurden hingebungsvoll vom Wasser umspült und die Einfachheit des Bildes strahlte eine ungeheure Kraft aus. Als Emma ihren Blick um sich schweifen ließ, sah sie, dass sie neben Infinitus auf einem großen Stein saß, umgeben von einer grau-braunen, steinigen Landschaft. Hier und dort stand ein Pflänzchen, ein grüner Farbtupfer im Gesamtbild. Emma spürte die enorme Ruhe, die dieser Ort ausstrahlte. Wieder bemerkte sie die Selbstverständlichkeit dessen, was sie hier erlebte. Alles fühlte sich gut und richtig an.

„Ich grüße dich, Infinitus. Du hast einen schönen Ort ausgesucht, an dem wir uns wiedersehen."

Infinitus lachte.

„Ich habe den Ort ausgesucht? Nein, wir haben uns gemeinsam hier gefunden."

„Hm, manchmal fällt es mir schwer, dir zu folgen. Ich wage es kaum zu fragen, was du getan hast, während ich einen Blick in mein Leben werfen durfte."

Sie schaute Infinitus tief in die Augen. Dieser lächelte.

„Nichts. Ich habe nichts getan. Ich war einfach nur da."

„Irgendwie bin ich nicht verwundert", entgegnete Emma, ebenfalls lächelnd. Infinitus drehte sich ihr mit dem ganzen Oberkörper zu.

„Und?" fragte er herausfordernd.

Emma zuckte etwas ratlos mit den Schultern.

„Nun, es war, wie soll ich sagen- so unspektakulär!"

„Ja."

„Ich hatte erwartet, in besonders emotionale Lebenssituationen zu schauen. Aber ich habe nur Johann und mich beobachtet, wie wir den Hauskauf geplant haben."

Sie fügte grinsend hinzu. „Nicht einmal zur Besichtigung durfte ich mit!"

Infinitus schaute sie an, ohne ein Wort zu sagen. So vergingen viele Minuten. Schließlich brach Emma das Schweigen.

„Was sehr besonders war und ist, ist die Tatsache, dass mein Kummer verschwunden ist. Als ich Johann sah, war ich nur voller Liebe. Die Trauer, die ich in den vergangenen Jahren mit mir herumgetragen habe, ist wie vom Erdboden verschluckt."

Infinitus nickte verstehend.

„Aber nun brauche ich deine Hilfe. Ich bin mir sicher, dass ich aus einem bestimmten Grund genau diese Situation beobachten durfte oder sollte. Stimmt's?"

„Nein", erwiderte Infinitus zu ihrem großen Erstaunen. „es hätte unzählige Momente aus deinem Leben gegeben, die dich lehren könnten, was diese Lektion beinhaltet."

„Dann hat es gar nichts mit dem Haus zu tun?"

„Das ist richtig. Es hat nicht mit dem Haus, sondern mit der Zeit zu tun."

„Mit der Zeit? Also, ich war 29, es war Nachmittag, es war eine Zeit der Zufriedenheit. Ach ja, und es war Frühling. Was könnte ich daraus für Schlüsse ziehen, die so viel Gewicht haben, dass sie essentiell sind?"

Infinitus schwieg wieder eine Weile. Es war ein angenehmes Schweigen. Im Gegensatz zu früher wartete Emma nicht ungeduldig darauf, dass er wieder das Wort ergreifen sollte, sondern erkannte und genoss die Stille zwischen den Worten.

„Emma, das habe ich nicht mit Zeit gemeint. Du hast diese Situation stellvertretend für all die unzähligen Momente in deinem Leben gezeigt bekommen, um zu erkennen, wie wenig gegenwärtig du warst."

„Das verstehe ich nicht. Ich war doch da, was könnte gegenwärtiger sein?"

„Ja, du warst physisch da. In eurem Gespräch ging es aber nahezu immer um die Vergangenheit oder Zukunft. Ihr habt über Erlebnisse aus eurer Kindheit auf dem Land geredet, ihr habt euch darüber ausgetauscht, wie oft ihr euch in der Mietwohnung über den Lärm des Nachbarn geärgert habt, und ihr habt nicht nur die notwendigen Möglichkeiten einer Finanzierung für das Haus besprochen, sondern auch gleich alle realen und irrealen Katastrophen, die passieren könnten."

„Natürlich. Das ist doch normal!"

„Für den 'normalen' Menschen vielleicht, wobei wir jetzt philosophieren könnten, was normal ist. Du hast es als normal empfunden. Aber hast du den Gesang der Vögel draußen gehört, während du mit Johann am Tisch gesessen und geplant hast? Hast du den glitzernden Wassertropfen wahrgenommen, der von Johanns vom Duschen feuchtem Haar auf den Tisch getropft ist? Konntest du die Lebendigkeit in deinem eigenen Körper spüren, weißt du, wie prickelnd jede Zelle sich anfühlen kann? Weißt du, wie viele Frühlingsblumen euch schon die ersten zarten Blüten entgegengestreckt haben, als ihr auf dem Weg zu dem Haus wart?"

Nachdenklich und erstaunt lauschte Emma dem Freund, als den sie Infinitus inzwischen erkannt hatte.

„Oh, ich glaube, ich beginne zu verstehen. Wir haben in unserem Gespräch und Handeln den gegenwärtigen

Moment und auch uns selbst gar nicht richtig wahrgenommen."

„Das meine ich. Stattdessen hast du zum Beispiel ein ganz unangenehmes Gefühl in der Magengrube gehabt, als ihr über den lauten Nachbarn geredet habt. Dabei war er vier Monate vorher ausgezogen! Du hast dich selbst mental durch die Vergangenheit im Hier und Jetzt schlecht gefühlt."

„Einerseits wird mir allmählich klar, was du sagen willst. Andererseits ist es doch im wahrsten Sinne des Wortes menschlich, das nicht Gegenwärtige zu verbalisieren oder zu denken. Alle Menschen in meinem Umfeld haben das gemacht, es passiert automatisch. Natürlich gibt es welche, da hat man das Gefühl, sie ruhen sehr in sich und sind auch äußerst bedächtig. Katrin hatte mich mal versucht, mit in ihrem Meditationskreis zu nehmen, um meine Gedanken loszuwerden, die von Trauer und Unglück bestimmt waren. Ich konnte damit jedoch nichts anfangen. Da war sogar Missmut in mir. Wie konnte irgendjemand sich erdreisten, mir meine Trauer zu nehmen? Glücklicherweise war mir aber klar, dass sie mir helfen möchte, so dass ich meinen Unmut für mich behalten habe."

„Katrin wusste, dass für die kurze Zeit, die es dir gelungen wäre, ganz in der Gegenwart zu sein, dein Leiden in den Hintergrund getreten wäre. Aber du wolltest das nicht. Du hast dein Leiden gebraucht."

„Ja, es war das, was mich mit Eva und Johann verbunden hat. Ich konnte mir nicht vorstellen, meine Erinnerung an die Beiden auf die schönen Erlebnisse zu reduzieren. Es schien mir wie eine Selbsttäuschung, wenn ich das versucht hätte."

„Und so hast du viele Jahre deines Lebens immer den jetzigen Moment in der Vergangenheit verbracht."

Emma überlegt einen Moment. Sie schubste mit ihrem Fuß einen kleinen Stein hin und her. Ihr fiel eine wichtige Frage ein.

„Aber wenn ich einen Urlaub plane, oder meine Karriere, dann kann ich doch nicht im gegenwärtigen Augenblick sein? Ich meine, ich *muss* doch in die Zukunft planen. Alleine schon, um zum Beispiel mein Flugzeug zu bekommen. Und wenn ich aus einer schlechten Erfahrung lernen möchte, dann werde ich doch an diese Erinnerung zurückdenken, wenn ich das Gelernte anwenden will. Wie soll dies den funktionieren, wenn es nur das Jetzt gibt?"

Infinitus nickte zustimmend.

„Natürlich. Wenn du entscheidest, ein Studium zu beginnen, musst du einige Überlegungen anstellen, die die Zukunft betreffen. Wo werde ich studieren, wo werde ich wohnen, wie werde ich mich finanzieren? Dies ist die räumliche Zeit, die gedanklich erreicht werden kann. Sie IST aber nicht. Es ist immer nur der jetzige Moment."

„Das klingt für mich wie ein Widerspruch!"

„Überlege: wenn du jetzt ein Studium planst, in welchem Moment planst du?"

„Hm", Emma zögerte nachdenklich. „Also, der Moment, in dem ich plane oder meine Pläne auch mit anderen bespreche, ist jetzt."

Emma war plötzlich ganz aufgeregt.

" Ja, du hast recht. Ich verstehe gerade, was du sagst. Ich kann planen, so viel ich will und ich kann mich so sehr über Dinge aus der Vergangenheit aufregen oder durch sie traurig sein, es geschieht immer im gegenwärtigen Moment!"

Sie spürte im Bereich ihres Sonnengeflechts eine große Energie und Wärme. Nun wurde ihr auch bewusst, warum sie so in sich ruhte, seitdem sie die physische

Welt verlassen hatte. Sie fand nicht mehr in einer anderen Zeit statt, als in der Jetzigen.

Infinitus stand auf und begann mit seinem rechten Zeigefinder in die Luft zu schreiben. Atemlos schaute Emma dem Zauber zu, wie das Geschriebene in einem kräftigen orangefarbenen Ton in der Luft stehen blieb.

Als Infinitus fertig war, schwebte der Ausspruch in der Luft:

Alles ist immer jetzt.
Alles. Ist immer jetzt.
Alles ist. Immer jetzt.
Alles ist immer. Jetzt.

Emma schwieg beeindruckt. Diese vier Worte enthielten auf eine nahezu subtile Weise eine so umfassende Wahrheit. Durch die unterschiedlichen Zuordnungen der Worte im jeweiligen Satz und der damit verbundenen Gewichtung erkannte sie die Mehrdeutigkeit in der Eindeutigkeit.

Ihr wurde bewusst, dass das Leben viel einfacher gewesen wäre, hätte sie diese Wahrheit gekannt. Schnell korrigierte sie sich gedanklich. Die Tatsache 'Alles ist immer jetzt' war ja ständig präsent gewesen. Sie hatte sich ihr aber nicht geöffnet oder nicht öffnen wollen.

Infinitus hatte recht gehabt! Es gab unzählige Situationen aus ihrem Leben, die ein Beispiel für ihr Sein im Nicht-gegenwärtigen dargestellt hätten. Rückblickend kam es ihr vor, als habe sie ihr ganzes Leben in der Vergangenheit oder in der Zukunft, aber ganz selten in der Gegenwart verbracht.

Infinitus stupste sie sanft an:
„Alles klar?"
„Ja", lachte Emma. „Alles ist immer jetzt!"

5.

„Ich hätte gerne einen Cappuccino italienischer Art und ein Stück Apfelkuchen."

Aha! Emma begriff sofort, dass sie wieder als Beobachterin in ihr Leben blicken konnte. Sie saß mit Verena, einer langjährigen Bekannten und Freundin, im Café Chapeau Noir. In diesem Café traf sie sich sehr gerne mit Freunden, denn das besondere Ambiente nahe der französischen Grenze begeisterte sie immer wieder ebenso wie die Inhaber, ein Musikerehepaar. Bei gemütlichem Kaffee und Kuchen oder einem kleinen Snack konnte es passieren, dass sich Jörg, der Chef des Hauses, an den Flügel in der Mitte des gemütlichen Raumes setzte und seine Gäste mit wohlklingender Musik bezauberte. Wenn der Betrieb es zuließ, kam seine Frau Ulrike dazu und unterhielt die Gäste mit ihrer rauchigen Stimme, die so wunderbar zu dem Blues und den Chansons passte, die sie sang. Als Emma das erste Mal im Chapeau Noir war, hatte sie sofort gewusst, dass sie hier 'ihr' Café gefunden hatte.

Dabei war sie eigentlich mit Katrin hergekommen, die unter einer Laktoseunverträglichkeit litt und gehört hatte, dass es in diesem Haus entsprechend laktosefreie Milch und Backwaren gab.

Nun saß Emma mit Verena da. Sie kannten sich seit einem gemeinsamen Sportkurs vor einigen Jahren und versuchten, sich einmal im Monat zu treffen, um Neuigkeiten auszutauschen. Für Verena, die bereits zweifache Mutter war, waren diese Nachmittage besonders schön und wichtig, da sie die Stunden ohne Kinder und Haushalt genoss. Vor einem halben Jahr hatte ihr Mann Wolfram sie verlassen. Glücklicherweise übernahm ihre Mutter ab und zu gerne die Kinder, um sie dann so zu verwöhnen, wie Großmütter es dürfen. Gerade in der Phase des Verlassenwerdens und der Neuorientierung, die noch nicht abgeschlossen war, waren Verena die gemeinsamen Stunden mit Emma besonders wichtig geworden.

„Für mich bitte ein Stück Eierlikörtorte und einen Milchkaffee", vervollständigte Emma die Bestellung. Freundlich lächelnd machte sich die Bedienung kleine Notizen und eilte hinter den Tresen, um schon wenige Minuten später mit den gewünschten Speisen zurück zu kehren.

„Wenn sie noch einen Wunsch haben, rufen sie mich einfach." Sie stellte die Teller und Tassen ab und überließ Emma und Verena ihrem Gespräch.

„Die sind immer so nett hier", bemerkte Emma.

„Das kann man doch auch erwarten. Ist schließlich ein Café!"

An Verenas mürrischer Antwort erkannte Emma den schlechten Gemütszustand ihrer Freundin.

„Ich freue mich trotzdem, wenn jemand zuvorkommend ist", entgegnete sie Verena mit sanfter Stimme.

„Aber jetzt mal zu dir. Wie geht es dir? Du siehst blass und schmal aus. Als wir uns das letzte Mal trafen, hatte ich das Gefühl, es geht wieder besser. Was ist passiert?"

Dankbar betrachtete Verena ihre Freundin. Emmas Mitgefühl und ihr Gespür für die Stimmung anderer taten ihr gut. Wie immer täuschte diese sich nicht.

„Als Wolfram auszog, haben wir vereinbart, wir wollen alles im Guten regeln, schon alleine der Kinder wegen. Er hat sich diese kleine Wohnung gemietet und Tom und Elisa jedes zweite Wochenende zu sich genommen, so dass ich auch mal verschnaufen konnte. Nun..."

Verenas Stimme wurde brüchig und sie konnte nur mit Mühe ihre Tränen unterdrücken.

„Nun erfahre ich, dass er bereits seit Monaten mit einer anderen Frau dort wohnt!"

Emma war voller Mitgefühl.

„Ach, Verena, das tut mir leid. Das muss schmerzhaft für dich sein. Aber ist es denn wirklich ein Grund, eure Vereinbarungen nicht mehr einzuhalten?"

Die Freundin kaute auf ihrem Kuchen herum, nahm einen Schluck Cappuccino und schüttelte den Kopf.

„Nein. Obwohl es mir wirklich einen tiefen Stich versetzt hat. Er hat ja immer behauptet, die Trennung habe nichts mit einer anderen Frau zu tun, er liebe mich einfach nicht mehr. Da bin ich mir jetzt nicht mehr sicher. Wer lernt denn unmittelbar nach einer Trennung einen neuen Partner kennen und lässt ihn sofort bei sich einziehen?"

Mitfühlend legte Emma ihre Hand auf Verenas Unterarm.

„Ich kann mir vorstellen, wie weh das tut!" sagte sie und dachte bei sich: 'Nein, eigentlich bin ich so glücklich, dass ich mir das nicht vorstellen kann. Ich möchte es mir auch gar nicht vorstellen können.'

Traurig fuhr Verena mit ihrer Erzählung fort.

„Diese Tatsache muss ich akzeptieren. Wohl auch die, dass der Vater meiner Kinder ein Lügner ist. Oder ein Feigling, denn es war natürlich einfacher, sich zu trennen, ohne diese Frau zu erwähnen. Damit jedoch nicht genug. Bei dem letzten Papawochenende hat er die Kinder mit seiner neuen Freundin bekannt gemacht. Tom hat nicht viel erzählt, aber Elisa war sehr genervt. Die Frau, Brigitte, habe ständig an den Kindern herum erzogen. Sie mussten sich ordentlich hinsetzen, mit Messer und Gabel essen und durften nicht herumalbern."

Nun verstand Emma die sorgenvolle Miene ihrer Freundin, die sie schon beim Betreten des Cafés bemerkt hatte. Verena konnte unwirsch sein und erschien recht burschikos, sie war jedoch eine liebevolle Mutter und ein Mensch, auf den man sich in Notzeiten immer verlassen konnte. Ihren Mann Wolfram hatte sie bereits in der Schulzeit kennen gelernt. Emma hatte ihn immer als netten, gradlinigen Menschen wahrgenommen und mochte ihn. Vor einigen Wochen waren sie sich in der Stadt begegnet und hatten sich kurz unterhalten.

„Du kannst mir glauben", hatte Wolfram gesagt, "ich habe es mir nicht leicht gemacht mit meiner Entscheidung. Mir wäre es auch lieber gewesen, wenn die Gefühle für Verena noch da wären und wir unser Leben weiter gemeinsam geführt hätten. Nächtelang habe ich gegrübelt, ob ich es den Kindern antun kann, zu gehen. Aber mir ist auch klar geworden, dass es ihnen und meiner Frau gegenüber unfair ist, mit einer Lüge zusammen zu bleiben."

Er hatte dabei so unglücklich ausgesehen, dass Emma ihm geglaubt hatte. Ob Wolfram zum Zeitpunkt der Trennung wirklich schon mit der neuen Freundin zusammen gewesen war, konnte sie natürlich nicht beurteilen, aber jeder Mensch und alle Gefühle sind Veränderungen unterlegen, so war das Leben. Und Elisa war vielleicht eifersüchtig auf die neue Frau in Papas Leben. Auch Wolframs neue Freundin musste sich erst in der Situation zurechtfinden. Alle Beteiligten brauchten die Chance und Zeit, um sich neu zu orientieren. Das konnte sie ihrer Freundin aber nicht sagen, denn sie wusste, dass Verena gekränkt sein würde.

„Hast du mit Wolfram darüber gesprochen?" fragte sie.

„Wir haben nur kurz telefoniert. Es ist ja erst drei Tage her, seit die Kinder bei ihm waren. Er kommt am Freitagabend zu einem Gespräch vorbei, wenn die Kinder im Bett sind. Ach", fügte sie schnippisch hinzu. "Beim Telefonat war er ja so rücksichtsvoll."

Sie verstellte ihre Stimme und imitierte Wolfram mit einem ironischen Unterton: "Es tut mir leid, wenn die Kinder sich nicht wohl gefühlt haben, gerne rede ich mit dir darüber. Wir werden eine Lösung finden, du weißt ja, ich tue alles zum Wohl der Kinder. Brigitte ist zurzeit an meiner Seite, was natürlich nicht heißt, dass die Kinder darunter leiden sollen. Blablabla!"

Verena hatte sich in Rage geredet. Emma erkannte, dass die Kränkungen und Verletzungen der vergangenen Monate bei ihrer Freundin keine sachliche Beurteilung der Situation ermöglichten. Wolfram gab sich wirklich Mühe, doch er hatte bei Verenas Voreingenommenheit keine Chance. Sie würde am Freitag vermutlich alles negativ aufnehmen, was auch immer er sagte. Bei aller Liebe zu ihrer Freundin hatte sie auch mit Wolfram Mitleid. Sie versuchte diplomatisch zu vermitteln.

„Bist du dir sicher, dass er das nicht ernst meint? Er zeigt doch den guten Willen, indem er sofort mit dir ein Treffen vereinbart hat, nachdem du ihn angerufen hast."

„Ja, klar, er macht einen auf verständnisvoll."

Nun kullerten die Tränen doch. Die aufmerksame Bedienung, die gerade auf ihren Tisch zusteuerte, zog sich diskret wieder zurück.

„Ach, Emma", schluchzte Verena. „Ich bin so voller Wut. Ja, vielleicht will er wirklich für alle das Beste. Aber wenn ich nur seine Stimme am Telefon höre oder ihn sehe, werde ich so aggressiv! Ich könnte ihn in der

Luft zerreißen. Wie kann er davon ausgehen, dass ich mich mit ihm an einen Tisch setzte und vernünftig diskutiere?" Sie hielt einen Moment inne und machte eine ausladende Geste.

„Ich könnte ihm ja zur neuen Freundin gratulieren!" Schniefend musste sie bei dieser Vorstellung doch ein wenig lachen. Sie trocknete ihre Tränen, putzte sich geräuschvoll die Nase und redete weiter.

„Nein, so etwas kann ich nicht. So groß ist mein Herz nicht. Weißt du, was das Schlimmste ist?"

Vertrauensvoll neigte sie sich ihrer Freundin zu, die ihr ermutigend zunickte.

„Das Schlimmste ist, dass ich denke, ich habe Mitschuld am Scheitern unserer Ehe. Als Elisa vor sechs Jahren geboren wurde, bin ich in meiner Mutterrolle vollkommen aufgegangen. Sie war ein sehr liebes Baby und hat es mir ermöglicht, Wolfram nicht zu vernachlässigen. Aber als Tom vor viereinhalb Jahren dazu kam, wurde alles anders. Er schlief schlecht und war häufig krank, ich war übernächtigt, gereizt und begann sogar bei den Kindern zu schlafen. Wenn Wolfram mal eine Nacht bei dem kranken Tom schlafen wollte, habe ich abgelehnt. Ich habe mir eingeredet, dass ein Kind in dieser Situation am besten von der Mutter versorgt wird. Es gab kaum noch Zärtlichkeiten zwischen Wolfram und mir, ich bekam ja meine Streicheleinheiten von den Kindern. Wir wollen mal gar nicht von Sex reden."

Verena machte eine nachdenkliche Pause.

'Endlich öffnet sie sich wirklich', dachte Emma, da war Verenas Einsicht aber bereits vorbei.

Trotzig sagte sie:

„Dann hätte er mit mir keine Kinder wollen dürfen. Es war ja auch sein Wunsch. Früh Eltern sein und später die

Freiheiten des Lebens noch gesund genießen können, das war immer sein Spruch."

Sie fuchtelte mit ihrer Kuchengabel in der Luft herum „Ja, toll, jetzt hat er was vom Leben. Eine neue Freundin, alle zwei Wochen Besuchsrecht und ich kann schauen, wie ich mit den Kindern wieder im Berufsleben Fuß fassen kann."

Emma wusste, dass Wolfram Verena immer unterstützen und ihr auch öfter die Kinder abnehmen würde. Verena hatte sich jedoch so mit ihrer Opferrolle identifiziert, dass sie keinen freien Blick mehr auf die Situation werfen konnte.

Die beobachtende Emma erkannte die Wut und Traurigkeit in Verena, die kein Raum mehr für andere Gefühle ließen. Ihr Herz war voller Mitgefühl. Die Mutlosigkeit ihrer damaligen Freundin stand greifbar im Raum. Emma erinnerte sich, dass sie an diesem Nachmittag immer wieder versucht hatte, ein angenehmeres Thema zu besprechen, doch Verena konnte sich nicht loslösen.

Emma erlebte den ihr inzwischen vertrauten Flug durch die zeitlose Zeit und sah sich eine Woche nach dem Treffen mit Verena beim Abendessen mit Johann in der Küche sitzen. An die altmodische Küche in Eiche rustikal in der Mietwohnung hatte sie sich nie wirklich gewöhnen können und war bereits voller Vorfreude bei der Aussicht, im eigenen Haus eine neue Küche zu bekommen. Da die Möbel in der Mietwohnung noch in Ordnung waren, hatten sie sich entschieden, das Geld zu sparen. Nun saß sie mit Johann auf der ebenfalls aus Eiche angefertigten Eckbank, die sie von Johanns Tante bekommen hatten und schmierte sich ein Leberwurstbrot.

„Rate mal, wer heute bei mir in der Werkstatt war?"
fragte Johann gerade.

Emma fischte sich eine Gurke aus dem Glas und legte sie andächtig auf ihr Wurstbrot.

„Hmm. Wenn du so fragst. Mama? Ein millionenschwerer Kunde? Der Papst?"

„Klar", ging Johann auf den Spaß ein. „Alle drei, nacheinander! Und dann kam noch Wolfram."

Emma wollte gerade in ihr Brot beißen und hielt inne.

„Wie geht es ihm? Ich hatte dir ja von meinem Treffen mit Verena erzählt. Sie war nicht besonders gut auf ihn zu sprechen."

„Frauen!" rief Johann aus, um sich gleich darauf zu entschuldigen. „Tut mir leid, sollte keine Verallgemeinerung werden. Also, da wir beide etwas Zeit hatten, habe ich Wolfram und mir einen Tee gemacht und er hat mir die Situation aus seiner Sicht geschildert. Dabei war er sehr sachlich und hat versucht, Verena in keinster Weise anzugreifen. Dennoch konnte ich heraushören, dass sie es ihm im Moment nicht leicht macht."

Emma kaute, schluckte und sagte:

„Immerhin hat er sie verlassen und ist mit einer anderen Frau zusammengezogen!"

„Ja, das hat er mir auch erzählt. Er sagt, er habe diese, äh, ich glaube, sie heißt Brigitte, kennengelernt, als er die Trennung für sich bereits beschlossen hatte. Ausgezogen war er noch nicht, hatte aber festgestellt, dass seine Ehe gescheitert war."

Johann nahm die Teekanne vom Stövchen und füllte beide Tassen mit der ihm eigenen Ruhe auf. Dann holte er sich eine frische Scheibe aus dem Brotkorb und verfolgte kurz eine an der Außenseite der Fensterscheibe kletternde Biene, bevor er begann, sein Brot mit Butter zu bestreichen. Wie immer war er sehr bedacht darauf, sich mit Emma auszutauschen, ohne schlecht über andere zu reden.

„Letztes Wochenende hat er die Kinder mit seiner neuen Freundin bekannt gemacht. Er sagt, er sei schon lange nicht mehr so nervös gewesen. Sie fanden sich aber gegenseitig wohl recht sympathisch."

Emma stutzte.

„Verena hat mir erzählt, Elisa sei wütend und enttäuscht heimgekommen. Brigitte habe die ganze Zeit versucht, an ihr herum zu erziehen."

„Ich kann nur sagen, was er mir erzählt hat. Brigitte habe beim Mittagessen gefragt, ob Elisa schon mit Messer und Gabel essen könne und diese habe gesagt, bei Mama bräuchte sie das nicht und überhaupt sei Brigitte nicht ihre Mama. Gemeinsam haben sie aber geklärt, dass nur Verena ihre Mama ist und die Wogen waren schnell geglättet. Als die Kinder wieder nach Hause mussten, hat Elisa sogar Brigitte gefragt, ob sie das nächste Mal wieder mit ihr spielen möchte."

Sie sprachen an diesem Abend lange darüber, warum diese junge Ehe gescheitert war. Sowohl Johann als auch Emma staunten, wenn sie die Betrachtungsweise des anderen hörten.

„Wolfram vermisste die Zärtlichkeiten seiner Frau", resümierte Emma. Johann betrachtete sie.

„Sicher. Das hat er mir auch erzählt. Aber das war nicht der ausschlaggebende Punkt."

„Nicht? Ich dachte, das hat ihn vielleicht in die Arme einer anderen Frau getrieben!"

„Nein. Natürlich hat er darunter gelitten. Aber er dachte immer, wenn die Kinder etwas größer sind, werden sie auch wieder mehr Zeit als Paar haben und sich als Partner körperlich neu finden. Womit er auf Dauer nicht klargekommen ist, war die Tatsache, dass all seine Hilfsangebote abgeschmettert wurden oder er nicht gut genug war. Nur eine Mutter kann den Kindern die Liebe schenken, die sie brauchen, er hat nicht gut genug geputzt, das Falsche eingekauft, die Kinder nicht richtig behandelt, den Rasen nicht ordentlich gemäht und so weiter. Alles, was er tat, wurde kritisiert. Jegliche Unterstützung für Verena lehnte sie ab und stellte es dann so dar, als würde er nichts für sie tun. Er fühlte sich in seiner eigenen Familie wie das berühmte fünfte Rad am Wagen!"

Emma wusste, dass sich die Verteidigung ihrer Freundin schwach anhörte.

„Verena ist halt ganz in ihrer Mutterrolle aufgegangen."

Johann lachte. Er nahm einen Schluck Tee.

„Klingt ja so, als ob Muttersein alles andere ausschließt. Uff, dann sollten wir lieber keine Familie planen!"

Emma spielte vollkommene Entrüstung.

„Aber sicher planen wir! Schließlich wollen wir der Welt zeigen, wie es besser geht!"

Die beobachtende Emma durchschwebte die Lichtspirale, erfüllt von Wärme und Liebe. Was war das? Schnee! Infinitus war doch immer wieder für eine Überraschung gut. Ein schillernder Sonnenaufgang färbte die vor ihr liegende Schneelandschaft golden ein und erweckte den Eindruck, die ganze Szene sei aus einem Bild entstiegen. Schneeflocken fielen vom Himmel. Emma stockte der Atem, als sie feststellte, dass sie in jeder Flocke die kleinen Eiskristalle genau erkennen konnte. Fasziniert von dieser Perfektion der Natur war sie mit ihrer gesamten Aufmerksamkeit so intensiv bei den Schneeflocken, dass sie sich als Teil derer fühle und gleichzeitig den Eindruck hatte, die Flöckchen waren ein Teil von ihr. Zwischen einem Iglu und einer Verwehung kam Infinitus hervor.

„Ich grüße dich, Emma."

„Guten Tag, Infinitus. Ach, hier ist es so wunderschön. Dieser herrliche Schnee. Aber ich friere gar nicht!"

Laut und schallend lachend warf Infinitus seinen Kopf in den Nacken.

„Du denkst noch sehr weltlich, meine Liebe. Warum solltest du frieren?"

Emma fiel in das Lachen ein. Ja, warum sollte sie?

„Du hast dich mit Verenas Beziehungsproblemen beschäftigt."

Emma nickte. Sie versuchte, eine Schneeflocke mit ihrer Hand zu fangen. Dies konnte nicht gelingen, denn sie musste feststellen, dass ihr Körper oder was wie ihr Körper aussah, eine Wärme ausstrahlte, die jede Flocke schmelzen ließ, wenn diese sich ungefähr zehn Zentimeter an sie annäherte.

„Ich liege wohl richtig, dass die betrachtete Situation stellvertretend für viele stand, die die gleiche Botschaft beinhalten."

„So ist es!"

„Und sicher soll es nicht die Lehre sein, die ich bereits durchlaufen habe. Obwohl es auch passt. Verena war ja sehr wenig gegenwärtig. Sie hat ihrer Vergangenheit nachgeweint und hatte Zukunftsängste."

„Das stimmt", bestätigte Infinitus sie. „Aber natürlich hast du Recht, dass hier eine neue Botschaft für dich enthalten ist. Was ist dir denn aufgefallen?"

Emma musste nicht lange überlegen, denn sie hatte sich bereits mit Johann darüber unterhalten, wie unterschiedlich die Darstellungen von Wolfram und Verena gewesen waren.

„Ich finde es erstaunlich, dass zwei Menschen etwas erleben und so unterschiedlich empfinden."

„Woher, denkst du, kommt es, dass sie unterschiedlich fühlen?"

64

Emma dachte nach. Obwohl sie feststellte, dass das Denken jetzt eine andere Dimension hatte. Sie grübelte nicht, sondern sie hörte tief in sich hinein und bekam so die Antworten.

„Es sind Mann und Frau, beziehungsweise zwei verschiedene Personen. Sie können ja gar nicht gleich sein."

Infinitus strich sanft über einen Eiszapfen, der sich am Iglu gebildet hatte.

„Frau und Mann können nicht eins sein?"

Ach, Infinitus stellte aber auch komplizierte Fragen!

„Nein, äh, oder vielleicht doch. Es geht nicht darum, dass sie Frau und Mann waren. Es hätten auch zwei Freunde oder Bekannte sein können. Sie haben etwas gemeinsam durchlebt und jeder hatte davon seine Geschichte im Kopf."

„Genau so ist es. Jeder Mensch hat seine eigene Geschichte im Kopf, die er schreibt. Auch ich bin nur die Geschichte, die du von mir schreibst."

Nun war Emma doch verwirrt.

„Wie meinst du das?"

„Lass uns ein paar Schritte gehen", lud Infinitus Emma mit einer Handbewegung ein.

„Ich will damit sagen, dass etwas geschieht. Eine Tatsache, eine Wahrheit, für alle gleich. Aber dann macht der Mensch seine Interpretation und aus einer Wahrheit werden viele. Zum Beispiel hier: es schneit. Eine Person findet es wunderschön und betrachtet voller Dankbarkeit das Naturereignis, während eine andere darüber jammert, wie kalt es ist. Kannst du mir noch folgen?"

Emma schlenderte langsam neben Infinitus her, während sie sich an dem Sonnenaufgang nicht satt sehen konnte. Die Sonne hatte den gleichen Stand wie zu dem Moment, in dem sie hergekommen war, stellte sie erstaunt fest.

„Du sagst, etwas passiert und das ist noch die Gemeinsamkeit. Verena und Wolfram wussten beide, dass sie den Veränderungen der Elternschaft ausgesetzt sind und dass zum Beispiel ihre Zärtlichkeiten verloren gegangen sind. Beide wussten, dass sie ihre Kinder behüten und umsorgen möchten, aber hier fangen die Interpretationen an, wie jeder es umsetzten möchte."

„Nein, ich meine nicht diese Art von Interpretation. Nimm zum Beispiel die Szene, als Wolfram Verena helfen will, die neue Situation für alle leichter zu machen. Trotz der Trennung bietet er Hilfe an, weil er glaubt, es so allen beteiligten Personen am leichtesten zu machen. Verena aber glaubt, er wolle die Kinder manipulieren."

„Ah", überlegte Emma. „Als Verena erfährt, dass Wolfram schon eine neue Freundin hat, macht sie diese für das Scheitern der Ehe verantwortlich. Wolfram hingegen macht die unglückliche Ehe dafür verantwortlich, dass er sich überhaupt einer anderen Frau öffnen konnte."

Infinitus ging weiter neben Emma her. Sie schaute kurz zurück und stellte fest, dass der Schnee, durch den sie gingen und in dem sie ihre Fußspuren hinterließen, bereits beim nächsten Schritt wieder unversehrt hinter ihnen lag.

Infinitus schwieg eine Weile. Emma konnte diese Ruhe genießen, ohne überlegen zu müssen, was sie als nächstes sagen wollte oder was Infinitus sagen könnte. Sie ging einfach und nahm die wunderschöne Umgebung wahr.

„Das", begann der Mann plötzlich wieder zu sprechen. „zeigt deutlich, wie der Mensch nicht in der Wahrheit, sondern in seiner Deutung der Wahrheit lebt."

„Aber entstehen dadurch nicht unglaublich viele Missverständnisse?"

„Natürlich. Würde ein Mensch jeden Moment so leben

und sehen, wie er tatsächlich ist, wäre das Leben einfacher und ehrlicher. Er lebte nicht in einer Welt der Interpretation."

„Dann hat Verena also vieles falsch gesehen!" behauptete Emma.

„Nein", erwiderte Infinitus zu ihrem Erstaunen.

„Sie hat nichts falsch, sie hat es anders gesehen. Es war *ihre* Wahrheit."

„Dann müsste man ja sagen, jeder hatte Recht?"

„Jeder hat Recht, wenn du seine Wahrheit betrachtest. Wahrheit ist nicht eindimensional. Da aber den Interpretationen und Meinungen etwas zugrunde liegt, das sich deckt, kann die Wahrheit nur in jedem Menschen drin sein."

„Das verstehe ich nicht!" Emma versuchte, das Gesagte einzuordnen. Ihr Freund mache große philosophische Sprünge, denen sie kaum folgen konnte.

„Die Wahrheit kann doch ausgesprochen werden, dann ist sie außen."

„Ja, natürlich kann die Wahrheit nach außen kommen. Aber in dem Moment, in dem ich das, was in mir ist, verbalisiere, bekommt es schon meine Färbung. Das mag ein sachlich ausgesprochener Satz sein, und dennoch ist mein Tonfall, meine Gestik und meine Körpersprache nicht neutral und macht aus einer Wahrheit meine Wahrheit. Die innere Wahrheit ist zur individuellen Wahrheit geworden."

„Wenn ich aber sage, zwei plus zwei ist vier, dann entspricht das Wissen darüber doch auch dem Gesagten, nicht wahr?"

„Ja, damit verbinde ich auch keine Emotionen, das ist eine mathematische Gleichung, die nach dem derzeitigen Stand der Mathematik richtig ist; gedacht, gefühlt und ausgesprochen. Die Wahrheiten, bei denen wir innen und außen unterscheiden, sind immer an Emotionen gebunden. Und darum geht es doch im Leben, nicht wahr?"

Infinitus schaute Emma mit einem durchdringenden Blick an, der über die Augen tief in ihr Sonnengeflecht eindrang. Sie spürte seine Aufrichtigkeit und Reinheit tief in ihrem Innersten. Dann fuhr er fort.

„Verena und Wolfram kannten beide die Wahrheit. Sie war, dass sie geheiratet hatten, Kinder bekamen und nach einiger Zeit feststellen mussten, ein gemeinsames Leben ist nicht mehr vorstellbar. Dies wussten beide tief in ihrem Inneren. Alles andere, jegliche Auslegung von Taten und Worten des anderen war keine allumfassende, sondern eine individuelle Wahrheit geworden. Interpretationen und Beschimpfungen wurden nach außen getragen, aber den Kern, die Basis, also die echte Wahrheit, hatten beide in sich."

Wie es Emma schon einmal erlebt hatte, hob Infinitus die rechte Hand und begann mit dem Zeigefinger zu schreiben, diesmal leuchtete die Schrift rot vor dem Schnee in der Luft.

Wahrheit ist immer innen.
Wahrheit. Ist immer innen.
Wahrheit ist. Immer innen.
Wahrheit ist immer. Innen.

„Nun, was sagst du?" fragte Infinitus Emma mit einem schelmischen Lächeln. Sie antwortete:

„Weißt du, zuerst hat es mich sehr beunruhigt, wie viele Interpretationen und folglich Missverständnisse den

Menschen das Leben schwer machen. Nun aber fühle ich die Ruhe und Kraft in deiner Aussage: Wenn die Wahrheit immer innen ist, dann trägt jeder Mensch auch die Wahrheit in sich. Irgendwie beruhigt mich das."

6.

Emma ging noch eine Weile neben Infinitus her, als sie plötzlich wieder das ihr inzwischen vertraute Gefühl der Schwerelosigkeit empfand, das sie in dem gedrehten Licht durch die Zeit bewegte. Durchdrungen von Licht und Liebe war sie von Raum und Zeit losgelöst und wusste bereits, dass sie gleich wieder eine Szene aus ihrem Leben würde beobachten können.

Als sie sich sah, eilte sie gerade durch eine grau geflieste Eingangshalle auf einen Aufzug zu.

Emma erinnerte sich: Sie war auf dem Weg zu einem Vorstellungsgespräch bei einem renommierten Schuhfabrikant, in dessen kaufmännischer Abteilung sie sich beworben hatte. Gerade hatte sie ihr Studium der Betriebswirtschaft abgeschlossen. Nun fühlte sie sich bereit, in das Berufsleben einzusteigen und war voller Vorfreude und Abenteuerlust. Von all ihren Bewerbungen lag ihr diese besonders am Herzen, denn sie kannte den guten Ruf des Hauses. Der Führung des Unternehmens lag das Wohlergehen aller Mitarbeiter besonders am Herzen, es gab regelmäßig aufbauende psychologische Seminare, persönliche Gespräche, einen Sozialfond für in Not geratene Angestellte und jedes Jahr die Ausschüttung diverser Boni, wenn es ein erfolgreiches Geschäftsjahr war. Das soziale Engagement der Firma war über die Landesgrenzen hinaus bekannt und hatte bereits internationale Anerkennung bekommen. Nun ging Emma klopfenden Herzens auf den Fahrstuhl zu. Sie hatte versucht, sich auf das Gespräch mit Herrn Doktor Heinert vorzubereiten. Da sie jedoch wusste, diese Gespräche verlaufen nicht nach den auf dem Arbeitsmarkt bewährten Schemata, hatte sie nicht wirklich viel tun können. Emma war aufgeregt. Sie betrat den Aufzug und drückte den Knopf für die fünfte Etage - die Chefetage.

'Die Fünf möchte ich täglich drücken, um zu meinem Arbeitsplatz zu gelangen', dachte sie. Es war ihr gleichgültig, dass diese Arbeitsstelle täglich nahezu zwei Stunden Autofahrt erforderte. Es klingelte, die Aufzugtür öffnete sich. Emma versuchte sich vorzustellen, sie sei bereits auf dem Weg zu ihrem eigenen Schreibtisch.

Im Vorzimmer von Herrn Heinert meldete sie sich an. Eine freundliche ältere Dame bat sie, sich einen Moment zu gedulden und informierte ihren Chef telefonisch über das Eintreffen von Emma. Nur einen Augenblick später ging die Türe links neben der Vorzimmerdame auf und ein dynamisch wirkender, lächelnder Mann kam mit energischen Schritten auf sie zu.

„Frau Schreiber?"

„Ja, das bin ich. Guten Tag."

„Ich grüße sie. Heinert. Kommen sie bitte mit."

Emma war begeistert. Sie wurde von Herrn Heinert persönlich abgeholt, einem ausgesprochen sympathischen Menschen, der seinen Doktortitel gar nicht erwähnte. Herr Heinert führte Emma in sein Büro. Der Raum war hell und freundlich eingerichtet. Auf seine Einladung hin nahm sie ihm gegenüber auf einem mit rostfarbenem Leder bezogenen Stuhl Platz.

Die beobachtende Emma konnte wieder das Vorstellungsgespräch beobachten, dass sie vor nun so vielen Jahren geführt hatte. Sie spürte wieder ihre Aufgeregtheit, die Hoffnung, die sie gehabt hatte und ein unbändiges Kribbeln der Vorfreude, hier hoffentlich arbeiten zu können.

Ein orangefarbener Lichtstrudel brachte sie in dem Bruchteil einer Sekunde in eine Situation einige Wochen später. Emma sah, wie sie mit zitternden Händen das Kuvert der Schuhfirma öffnete. In diesem Moment würde sich etwas sehr Wichtiges für ihre Zukunft entscheiden.

Emma stand im Wohnzimmer, Johann saß im Sessel und betrachtete gelassen seine aufgeregte Frau, die an dem Umschlag zerrte und leise vor sich hin flüsterte:
„Bitte, bitte, bitte. Eine Zusage."
Emma zog das Schreiben heraus. Sie las und sagte nichts. Johann wusste sofort Bescheid, Emma hatte die Stelle nicht bekommen. Sie brach in Tränen aus. Johann erhob sich und nahm seine Frau in den Arm.
„So schlimm?" fragte er.
Emma nickte schluchzend.
„Das war meine Traumstelle!"
„Ach Süße!"
Johann hielt Emma so lange in den Armen, bis ihr Weinen allmählich verebbte. Er führte sie zum Sofa und zog sie neben sich.
„Ich bin erstaunt, wie viel es dir ausmacht!" sagte er.
„Du hast doch noch mehrere Vorstellungsgespräche und die Chancen sind gut, dass du mit deinem hervorragenden Abschluss in den nächsten Wochen eine Stelle bekommst. Warum bist du so traurig?"
Emma holte tief Luft. Sie seufzte.

„Ich war mir so sicher. Johann, ich habe so auf diesen Arbeitsplatz hin gefiebert."

Zornig erhob sie sich und ging im Wohnzimmer auf und ab.

„Da frage ich mich ja, warum ich mich so bemüht habe, um einen guten Abschluss zu erzielen, wenn ich nicht die Stelle bekomme, die ich haben möchte. Und warum ist Herr Heinert so freundlich zu mir, wenn er mich doch nicht in seinem Team haben möchte?"

Johann war von der Heftigkeit ihrer Gefühle überrascht. Es war ihm nicht bewusst gewesen, dass Emma all ihre Hoffnung in diese eine Firma gesteckt hatte. Er wusste nicht so recht, wie er sie trösten sollte.

„Schatz, es gibt viele gute Arbeitsstellen."

„Das ist mir egal, ich wollte aber die!"

Wie ein verzogenes Kind konnte Emma nicht akzeptieren, dass das Unternehmen einen anderen Bewerber oder eine andere Bewerberin vorgezogen hatte. In diesem Moment konnte sie sich keine größere Ungerechtigkeit vorstellen.

Nächtelang lag sie wach und grübelte, was sie beim Vorstellungsgespräch falsch gemacht haben könnte. Jedem erzählte sie, wie fassungslos sie war. Es dauerte Wochen, bis Emma wieder an etwas anderes denken konnte. Als sie knapp zwei Monate später ihre Stelle in dem Elektronikfachhandel profitechnikus bekam, fiel es ihr schwer, sich zu freuen und ihre ganze Kraft und ihr Wissen einzubringen. Immer noch haderte sie mit ihrem Schicksal, eine Stelle angenommen zu haben, die aus ihrer Sicht zweite Wahl war.

Später erst wurde ihr klar, wie unfair sie sich ihrem neuen Arbeitgeber und den Arbeitskollegen gegenüber verhalten hatte. Emma wurde bei profitechnikus freundlich aufgenommen, sie bekam geduldige Einarbeitung und Unterstützung. Jeder schien darauf ausgerichtet zu sein, es der neuen Mitarbeiterin recht zu machen und ihr zu helfen. Im Laufe der Zeit erkannte sie den Unsinn ihres Verhaltens, der sich aus der Nichtakzeptanz der Situation ergeben hatte. Letztendlich fühlte sie sich bei profitechnikus sehr wohl und versuchte in den vielen Jahren, die sie schließlich bei diesem Arbeitgeber verbrachte, eine engagierte und fleißige Kraft zu sein. Aus der Kollegialität mit ihrer Büromitarbeiterin Birgit entwickelte sich eine liebevolle Freundschaft und Verbundenheit. Birgit half Emma während ihrer privaten Trauerzeiten. Wortlos übernahm sie einen Teil von Emmas Arbeit, bis diese in der Lage war, ihre Tätigkeit wieder konzentriert und vernünftig auszuführen. Diese Selbstverständlichkeit, mit der Birgit sie unterstützte, hatte sie niemals vergessen. Als ihr Leben dem Ende zuging, war Emma klar, dass diese Aufrichtigkeit und Zuneigung, die sie bei profitechnikus erfahren hatte, in der von ihr so favorisierten Schuhfirma niemals hätte intensiver sein können. Und sie hatte wochenlang gehadert, gejammert und geweint!

Der beobachtenden Emma wurde es warm. Zuerst um ihr Herz, dann in der Gegend des Solarplexus und dann durchströmte eine angenehme, helle Wärme ihren ganzen Körper. Von einem Wohlgefühl getragen, das in ihrer Vorstellungskraft so nie hätte existieren können, veränderte sich ihr räumliches Sein. Gleich würde sie Infinitus wieder treffen. Sie hatte den Gedanken noch nicht zu Ende gebracht, als sie unter sich feinen, weichen Sand spürte. Instinktiv griff sie mit einer Hand herein und ließ die feinen Körner durch die Finger rieseln. Obwohl es heiß war und Emma inmitten eines riesigen Strandes auf dem Boden saß, empfand sie die Hitze als angenehm. Die Sonne stand eine Handbreit über dem Ozean, an dessen Ufer sie saß. Sie wusste, wer neben ihr

74

sein musste und drehte sich nach links. Niemand war da. Verwundert sah sie sich um. Einige Meter hinter ihr stand Infinitus grinsend an eine Palme gelehnt, in deren Krone Kokosnüsse baumelten. Sie winkte ihm. Infinitus winkte zurück und kam zu Emma geschlendert. Er sah attraktiv und jung aus.

„Im physischen Leben würdest du dich vor Verehrerinnen nicht retten können", begrüßte Emma ihren Freund.

„Jepp", antwortete er lachend und ließ sich neben ihr in den Sand fallen.

„Reihenweise sind sie umgefallen!"

Emma wurde neugierig.

„Echt? Erzähl mal. Bist du oder warst du ein Frauenheld?"

„Nö. Ich war immer nur das arme Opfer!"

An seiner übertriebenen Antwort, bei der er ein breites Lächeln im Gesicht hatte, erkannte Emma, dass er flunkerte. Es war ihr auch klar, dass sie mit ihm kein vernünftiges Gespräch über sein Leben würde führen können. Dies war einfach nicht das Thema. Stattdessen fragte Infinitus sie:

„Wie war dein Ausflug in das Gestern?"

Emma schwieg eine Weile. Ja, wie war es gewesen?

„Ich war ganz schön dumm und naiv!" platzte es aus ihr heraus.

„Und nun bist du schlau und klug, oder wie?" provozierte Infinitus sie. Emma verstand nicht.

„Wieso sagst du das?"

„Um dir klar zu machen, dass es hier nicht darum geht, dich selbst zu verurteilen. Du warst weder dumm noch naiv, sondern so, wie du zu diesem Zeitpunkt einfach warst. Punkt. Nicht mehr und nicht weniger."

„Ist das die Lehre?" fragte sie. Infinitus schüttelte energisch den Kopf. Er ließ sich nach hinten in den Sand fallen und schloss mit einem wohligen Seufzer die Augen. So konnte er die Möwe nicht sehen, die einige Meter neben Emma her spazierte und sie zu beobachten schien. Ihr weißes Federkleid schimmerte im Sonnenlicht und ihre schwarzen Knopfaugen blickten weise.

„Nö", sagte Infinitus. „Das wäre zu einfach, oder?"

Emma ließ sich neben ihn fallen. Der warme Untergrund verwandelte ihre Wirbelsäule in eine Lichtsäule, in der die Hitze spiralförmig auf und ab zu laufen schien. Eine starke Energie strömte über diesen Kanal in Emmas Körper ein.

„Rate!" forderte Infinitus sie auf. Emma stöhnte auf.

„Ächz! Ich dachte, ich hätte die Ratespiele mit dem Leben hinter mir gelassen und jetzt kommst du mir so!"

Blinzelnd betrachtete sie ihren Begleiter, der sich in einem Lachanfall zur Seite drehte und mit einer Hand in den Sand schlug.

„Ach, Emma", lachte er. „Mit dir habe ich wirklich mein Vergnügen! Du bist so herzerfrischend."

Er setzte sich wieder auf, Emma folgte seinem Beispiel kichernd.

„Ich freue mich ja auch, dass das Zurücklassen der physischen Welt nicht das Ende des Humors bedeutet hat. Dabei sind die Lehren, die ich durch dich erfahre, durchaus essentiell, nicht wahr. Lässt sich das mit Lachen vereinbaren?"

Infinitus nickte heftig.

„Selbstverständlich. Der Tiefsinn aller Wahrheiten eröffnet sich dir genau dann, wenn du ihn mit einem Schmunzeln betrachten kannst. So ist das!"

Eine lange Zeit saßen sie nebeneinander. Keiner sprach etwas, die Worte Infinitus klangen in Emma nach wie der Hall einer Glocke, der leiser wurde, aber in der Ferne nie wirklich verging. Nach einer Weile wendete Infinitus sich Emma wieder zu.

76

„Du hast dich als dumm und naiv wahrgenommen?"

„Ja, wenn ich die Situation jetzt betrachte, denke ich, meine Güte, das war doch nicht der Weltuntergang. Wie konnte ich wochenlang mich selbst und mein Umfeld damit verrückt machen, dass ich diese eine Stelle nicht bekommen habe. Heute verstehe ich das nicht mehr!"

„Hast du eine Erklärung dafür?"

„Hm, ich wollte es nicht wahrhaben. Als könne man etwas ändern, wenn man nur lange genug darüber schimpft. Ziemlich unsinnig."

„Du wolltest es nicht wahrhaben. Damit triffst du es schon recht gut. Du hast es nicht angenommen. Es war unabänderlich, dennoch wolltest du es nicht. Deine Vernunft hat natürlich die Fakten realisiert. Du hast die Stelle nicht bekommen. Eine ganz klare Sache. Hättest du das einfach angenommen, wäre die folgende Zeit für dich wesentlich entspannter gewesen."

„Du meinst, der Mensch soll akzeptieren, was ist?"

„Das meine ich nicht, es ist das falsche Wort. Akzeptieren heißt, ich bin nicht so recht einverstanden und beuge mich. Das ist keine entspannte Annahme dessen, was ist, sondern mit Widerwillen verbunden."

„Tolerieren?"

Infinitus schlug sich mit der Hand gegen die Stirn und kreischte betont theatralisch auf.

„Ha! Um Himmels willen! Das ist ja noch schlimmer als Akzeptanz! Was bedeutet denn Toleranz? Ich mag etwas nicht! Also zum Beispiel, ich kann diesen neuen Nachbarn nicht leiden, aber ich bin ja tolerant und grüße ihn trotzdem! Toleranz folgt immer, wenn ich bereits verurteilt habe. Das ist ein riesengroßer Unterschied zur wahren Annahme. Diese folgt keinem Urteil, sie ist in der Gegenwart und gibt sich passiv der Situation hin."

Emma war mit Infinitus Ausführung noch nicht recht einverstanden.

„Das klingt für mich nach Resignation! So wie du Annahme beschreibst, hieße das ja, sich allem zu beugen und keine Veränderungen anzugehen! Dann würde im Leben doch nichts vorwärts gehen! Wie kannst du Annahme und ein aktives Leben denn in Einklang bringen?"

Infinitus freute sich über den geistigen Scharfsinn seiner Gesprächspartnerin. An ihren Fragen erkannte er, wie gut sie sich in seine Worte hineindachte und sie mit dem verglich, was ihr vertraut war. Er legte ihr liebevoll eine Hand auf den Unterarm.

„Ich verstehe deine Gedankengänge", sagte er. „Sie sind nur allzu natürlich. Gerne erkläre ich dir die Auflösung des Widerspruchs von Annahme und Resignation. Resignieren heißt, den Kopf in den Sand stecken und nichts mehr tun. Auch hier ist wie bei der Toleranz vorher ein Urteil gebildet worden, nämlich das: es hat alles keinen Zweck. Wenn ich eine Situation annehme, dann gebe ich mich ihr vollkommen hin. Ich kann den jetzigen Moment doch sowieso nicht ändern, er ist ja schon da."

„Das klingt sehr friedlich. Dennoch verstehe ich nicht, wie daraus Veränderung erfolgen soll."

„In deinem Fall wäre es folgende Kombination gewesen: Du nimmst die Situation, also dass du die Stelle nicht bekommen hast, an. Keine Wut, keine Trauer, einfach Annahme. Es ist so, wie es ist. Dennoch wirst du dich weiter bewerben, denn du möchtest ja nicht arbeitslos bleiben. Wie du siehst, ist Annahme und Aktivität oder Veränderung kein Widerspruch."

Emma malte ein wellenförmiges Muster in den Sand neben sich und wischte es mit der flachen Hand wieder weg.

„Nun ja", sagte sie nachdenklich. „Es wäre alles so verlaufen, wie es von außen betrachtet tatsächlich war, denn ich habe mich natürlich weiter beworben. Allerdings hätte ich für mich und auch für meine Umgebung eine wesentlich bessere Zeit gehabt, wenn ich meiner Traumstelle nicht so lange hinterher geheult hätte."

Sie schwieg eine Weile, sich der Tragweite ihrer Erkenntnis bewusst werdend.

„Jetzt verstehe ich, was Annahme im Gegensatz zu Akzeptanz und Toleranz bedeutet. Der Raum des Akzeptierens und Tolerierens hat viele Türen, die geöffnet und geschlossen werden. Vor allem hat er viele Hintertüren, durch die sich Vorurteile und Wertungen immer wieder hereinschleichen können. Der Raum des Annehmens enthält die Situation gegenwärtig so, wie sie ist, ohne Urteil. Dieser Raum hat überhaupt keine Türen!"

Infinitus legte den linken Arm um Emma.

„Ach Emma", freute er sich. „Du bist so toll. Ich finde es großartig, mit dir hier zusammen zu sein. Ja, wirkliche Annahme ist so allgegenwärtig und umfassend wie wahre Liebe. Annehmen heißt das Leben wahrhaftig so zu leben, wie es ist. Das Leben so zu *lieben*, wie es ist."

Emma konnte ihm nur zustimmen.

Gespannt verfolgte sie Infinitus Hand, mit der er wieder Worte in die Luft schrieb. In einem wunderschönen meeresblau blieben diese über dem Wasser stehen:

Annehmen ist Liebe zum Leben.
Annehmen. Ist Liebe zum Leben.
Annehmen ist. Liebe zum Leben.
Annehmen ist Liebe. Zum Leben.

7.

Die einhüllende Wärme des Strandes durchdrang Emma
bis tief in die letzten Zellen. Das Rauschen des Meeres,
der Wind, die Sonne und Emma wurden eins. Ohne die
Anstrengung einer Konzentration war Emmas
Wahrnehmung geschärft wie nie zuvor. Eine Mischung
aus Farben, Tönen, Wärme und Freude strömte auf sie
ein und enthob sie allen räumlichen und zeitlichen
Empfindungen.
Sie gab sich ihren Emotionen hin, gefangen genommen
von dem Fühlen und Staunen. Emma war sich sicher,
dass sie gerade unterwegs in eine frühere Lebenssituation
war und genoss das schwerelose Sein auf diesem Weg.
Das erste, was sie bewusst wahrnahm, war Musik.
'Ah, Robbie Williams', dachte Emma.

Schon eröffnete sich ihr der Blick in ein großes
Wohnzimmer mit vielen Menschen. Die Erinnerung, wo
sie sich befand, war sofort präsent. Nahe der
Durchgangstür zur Küche stand sie mit Johann und Hans,
einem Bekannten, Gläser in den Händen haltend.
„Zum Wohl", sagte Hans und hielt sein Sektglas hoch.
Auch Emma trank Sekt, Johann schenkte sich Wasser aus
einer kleinen Flasche ein. Das leichte Klingen der

anstoßenden Gläser ging in der Musik und dem Gemurmel der übrigen Gäste unter. Die beobachtende Emma wusste, dass sie sich auf einer Feier von Angelika befanden, die zu ihren 30.ten Geburtstag eingeladen hatte. Angelika war eine Freundin von Johann, die er bereits aus Kindertagen kannte. Nun kam sie um die Ecke aus der Küche gewirbelt und blieb bei den drei Gästen stehen.

„Na, alles klar bei der Führungselite? " Sie lachte laut und schallend. „Habt ihr ausreichend zu trinken? Kann ich euch noch etwas bringen?"

Angelika war eine lustige Frau mit langen roten Locken. Ihre kräftige Figur, die sie selbst als fraulich bezeichnete, war in einen grün-goldenen Kaftan gehüllt. Ihr Temperament und eine gewisse Egozentrik machten Angelika ebenso aus wie die Tatsache, dass sie unglaublich warmherzig und aufrichtig war. Dunkelbraune Augen blitzten schelmisch in ihrem stupsnasigen Gesicht auf.

„Wie viele Menschen hast du eigentlich eingeladen?"

Hans Frage war aufgrund des sich immer mehr anfüllenden Hauses berechtigt.

„Och." Angelika zuckte mit den Schultern.

„So genau weiß ich das nicht. Ich schätze mal, es werden ungefähr vierzig werden."

Sie füllte den Raum mit ihrem lauten, kehligen Lachen.

„Sabine, Schatzi!" brüllte sie durch das Zimmer beim Anblick eines neuen Gastes und stürzte davon. Emma, Johann und Hans lachten.

„Also, wenn es Angelika nicht gäbe, die könnte man nicht erfinden!"

Johann schaute sich um. Rechts im Raum standen mit weißen Tischdecken verhüllte Tapeziertische, auf denen sich Salate und Platten mit diversen Köstlichkeiten ansammelten. Angelika hatte ihrer Gäste gebeten, als

Geschenk etwas Essbares mitzubringen. Johann schielte auf einen großen, roten Teller, der mit Frikadellen belegt war.

„Clever, so eine Mitbringparty", sagte er.

Hans stimmte zu.

„So kann Angelika ganz lässig abwarten, wie viele Gäste kommen. Sie versorgen sich ja sozusagen selbst."

„Ich finde es prima", meinte Emma und freute sich schon auf das Essen, da sie seit dem Mittag nichts mehr gegessen hatte und nun allmählich den Hunger spürte.

„Das merke ich mir. Alle haben etwas davon. Die meisten Geschenke sind zwar lieb gemeint, aber eigentlich braucht man doch gar nichts mehr. Jedes Jahr bekomme ich Kerzenständer und Dekoartikel, die zwar wunderschön sind, für die ich aber überhaupt keinen Platz habe. Nächstes Jahr lasse ich mir auch Salate und Kuchen schenken. Das spart Zeit und Geld, super praktisch!"

Johann stupste sie zärtlich an.

„Toll, dann weiß ich ja schon, was ich dir schenken werde. Einen Nudelsalat!"

Emma lachte.

„Ne, ne mein Lieber, für dich gibt es eine Sonderregelung. Du musst dir eine Überraschung ausdenken, wozu habe ich dich schließlich geheiratet!"

Sie lachten und stießen noch einmal auf die famose Gastgeberin an. Hans drehte sich um. Sein Lachen stoppte abrupt, seufzend zeigte er in Richtung Fenster, durch das man die über den Garten kommenden Gäste sehen konnte.

„Ist das Rainer? Hat Angelika etwa diesen Armleuchter eingeladen?"

Emma reckte sich etwas, um den Gartenweg erblicken zu können.

„Ja, das ist er. Auf den hätten wir heute gut verzichten können!"

Johann schaute die Beiden stirnrunzelnd an.

„Ich mag Rainer auch nicht, aber ich bin auch nicht das Geburtstagskind. Angelika hat das Recht einzuladen, wen immer sie möchte. Ich staune über euch!"

Emma nippte an ihrem Getränk.

„Du hast natürlich recht. Es ist ihre Party. Aber wenn du mich fragst, dann kann keiner der übrigen Gäste Rainer wirklich leiden. Er ist allerdings der Bruder von Angelikas Freund, ich denke, sie hat ihn aus diesem Grund eingeladen."

Rainer betrat das Wohnzimmer mit dem lauten Ausruf:

„Ja, wo ist denn das Geburtstagskind?"

Er lief zu Angelika, umarmte sie und küsste sie auf beide Wangen. Einem Kuss auf den Mund konnte Angelika gerade noch ausweichen, indem sie ihren Kopf zur Seite drehte. Statt einer Speise hatte er eine Flasche Wodka mitgebracht.

„Hier." Grinsend drückte er Angelika die Flasche in den Arm. „Wie gewünscht habe ich was Leckeres für dich und deine Gäste."

Flüsternd vollendete Emma den Satz: "Und besonders für mich...:"

„Jetzt ist aber gut", ermahnte Johann seine Frau. „Wir wollen mit Angelika einen schönen Abend verbringen. Ignoriere Rainer einfach."

Emma nickte zustimmend.

„Ich werde mir Mühe geben."

Doch sie war skeptisch. Emma wusste, dass Rainer dem Alkohol zu oft und zu viel zugeneigt war. Als junger, begabter Musiker hatte er eine internationale Karriere angestrebt, die er jedoch mit seinem Alkohol- und Drogenkonsum im Keim erstickt hatte. Auftritte in Kneipen und als Höhepunkt das jährliche Konzert mit seiner Band in einer Turnhalle waren die bescheidenen Erfolge seines Musikerlebens. Uneinsichtig ging er keiner sonstigen Tätigkeit nach, sondern lebte von der Hand in den Mund, auf Kosten seiner Eltern und indem er sich durch seinen Freundeskreis schnorrte.

Nun ging er durch den Raum auf die Küche zu. Bei Emma, Hans und Johann blieb er stehen.

„Hallo, Ihr Hübschen." Anzüglich schaute er Emma in den glücklicherweise nicht zu tiefen Ausschnitt ihrer Bluse.

„Besonders du."

„Hallo Rainer."

„Hat jemand von euch 'ne Zigarette für mich?"

„Wir rauchen nicht." Emma fügte mit einem süffisanten Lächeln hinzu: „Zu teuer!"

Schallend lachend warf Rainer seinen Kopf in den Nacken.

„Ja, ja. Mir auch, deshalb frage ich ja andere. Ich organisiere mir erstmal was zu trinken."

Mit diesen Worten verschwand er in der Küche. Seine Alkoholfahne war heftig und nun schüttelte auch Johann den Kopf.

„Ich verstehe das nicht. Hoffentlich macht er keinen Ärger."

Hans war nachdenklich.

„Irgendwie tut er mir leid!"

„Er tut dir leid?" Emma fiel es schwer, Verständnis zu haben.

„Hat er sich das nicht selbst eingebrockt?"

Hans zuckte mit den Schultern.

„Ja, klar. Er trägt die Verantwortung für sein Leben und wäre auch selbst für Veränderungen zuständig. Andererseits ist Alkoholismus eine Krankheit. Er müsste in Therapie."

84

Johann versuchte Emma und Hans mit seiner ruhigen Art vom Thema abzulenken. Mit einem Schulterzucken sagte er: „Vielleicht ist Rainer zufrieden mit seinem Leben. Er ist jedenfalls meistens gut gelaunt, wenn ich ihn sehe. Jeder ist doch seines Glückes Schmied, warum zerbrecht ihr euch seinen Kopf? Lasst uns doch über angenehme Dinge reden. Zum Beispiel deine Arbeit, Hans. Du sagtest, ihr habt den erwünschten Auftrag bekommen?"

Hans begann zu erzählen und so plauderten sie eine Weile, bis Angelika mit ihrer lauten Stimme verkündete: „Das Buffet ist eröffnet. Nehmt reichlich und lasst es euch schmecken."

Es folgten drei angenehme Stunden, angefüllt mitreden, lachen, essen und tanzen. Die Stimmung war ausgelassen und alle amüsierten sich ausgezeichnet. Gegen 23 Uhr hörten alle einen lauten Knall aus der Küche. Rainer war betrunken über eine Kiste gestolpert und versuchte nun, das Gleichgewicht wieder zu finden und aufzustehen. Zu alkoholisiert, um allein auf die Beine zu finden, half ihm sein Bruder Stefan beschämt auf.

„Komm, Rainer. Ich bring dich nach oben ins Bett. Du hast genug."

„Hass genuch?" Rainer war nicht mehr in der Lage, richtig zu sprechen, dennoch versuchte er sich gegen Stefan zu wehren. Er sang lallend:

„Einer geht noch, einer geht noch rein. Komm, Brüderchen, wia hamm noch nich angestossen."

Stefan war das Unbehagen ins Gesicht geschrieben. Mit einer stummen Kopfbewegung forderte er seinen Freund Felix auf, ihm zu helfen. Unter Rainers lautstarkem Protest brachten sie diesen aus dem Zimmer, wobei er es ihm Herausgehen noch schaffte, eine Blumenvase herumzureißen. Seufzend sammelte Angelika die Scherben ein und wischte den Boden trocken. Im Raum war es still geworden, die Gäste schauten ihr betroffen zu.

„Also, Leute", sagte Angelika mit einem etwas gequältem Lächeln. "Nun hat er seinen Auftritt gehabt. Lasst uns weiter feiern und Spaß haben."

Allmählich füllte sich der Raum wieder mit den Gesprächen der Gäste und der Musik, die ausgelassene Stimmung jedoch konnte nicht wiederhergestellt werden.

Am folgenden Tag telefonierte Emma mit Katrin und erzähle ihr ausführlich von der Feier und dem Erlebnis mit dem betrunkenen Rainer. Katrin war wie immer sehr vorsichtig in ihrem Urteil über einen anderen Menschen.

„Er ist halt, wie er ist", sagte sie.

„Ja", erwiderte Katrin. „Aber er hätte Angelika beinahe ihre Feier versaut! Diese Rücksichtslosigkeit kann ich doch nicht gut finden."

„Nein, natürlich nicht. Du brauchst sie gar nicht gut zu finden. Du kannst ihn aber auch nicht ändern. Das einzige, was du tun kannst ist, dich von ihm fern zu halten. Wenn ich mit einem Menschen und dessen Verhalten nicht klarkomme, ist das doch ein klarer Hinweis für mich, dass sein Leben und mein Leben keine gemeinsame Schnittstelle haben."

„Ach, Katrin", sagte Emma. „Genau aus diesem Grund mag ich dich. Du bist so klug!"

Die Szene verschwand vor den Augen der beobachtenden Emma und löste sich in einem hellen Licht auf. Emma war wieder voller Staunen darüber, dass sie sich erleben und alle Emotionen wahrnehmen konnte, die sie als Frau gehabt hatte, und dennoch eine Distanz zu diesen Gefühlen hatte, die sie nur mit absoluter innerer Ruhe und Frieden bezeichnen konnte. Angefüllt mit dieser Gelassenheit fand sie sich auf einer Holzbank wieder, die vor einer Almhütte umgeben von Bergen stand. Die rustikale Hütte befand sich auf einer saftig grünen Wiese. Um den kleinen Brunnen neben ihr waren Kübel mit blühenden Pflanzen liebevoll angeordnet. Die Gipfel der Berge, auf die sie blickte, trugen ein kleines weißes Käppchen aus Schnee, der durch die Sonne glitzerte und funkelte. Irgendwo musste eine Kuhherde stehen, die Emma nicht sehen konnte, deren Glocken sie aber leise hörte und die gemeinsam mit einem leichten Wind ein Lied in das Tal sangen.

Neben ihr saß Infinitus mit geschlossenen Augen. Sie blickte ihn lange an und war unsicher, ob er schlief oder meditierte und ob sie ihn stören sollte. Emma entschied sich für das Warten, das nun eine andere Qualität hatte, als sie es von früher kannte. Warten bedeutete nun, im Hier und Jetzt zu sein und sich an der Natur um sie herum zu erfreuen, ohne sie durch plappernde Gedanken zu beschreiben oder zu bewerten. Daher hatte sie auch kein Zeitgefühl, um zu sagen, wie lange es dauerte, bis Infinitus die Augen öffnete und sie mit der ihr inzwischen vertrauten Klarheit und Wachheit anschaute.

„Grüß dich in den Bergen, Emma."

Sie lachte.

„Schön ist es hier. Die Umgebung kommt mir recht vertraut vor, und doch ist es anders. Das Licht ist von einer Wärme und Helligkeit, die Eins mit mir zu sein scheint. Es geht in mich hinein, durch mich hindurch und ist irgendwie ich. Schwer zu erklären…"

„Du brauchst es mir nicht zu erklären, ich fühle es", versicherte ihr der Freund. „Es liegt an der Auflösung der Zeit. Du bist jetzt einfach immer im gegenwärtigen Augenblick, das intensiviert die Wahrnehmung ungemein."

„Ja, ich finde es wunderbar. Im Leben habe ich mich immer wieder ablenken lassen."

„Du hast dich vor allen Dingen von deinen Gedanken

ablenken lassen. Ständig gab es etwas zu beurteilen und zu diskutieren."

Emma ahnte etwas.

„Daher die Situation mit Rainer? Oh, ja, ich verstehe. Ich habe mich wirklich einen ganzen Tag gedanklich mit seinem unmöglichen Verhalten beschäftigt. Ist das unser Thema?"

Infinitus legte ein Bein angewinkelt über das andere und wackelte mit dem Fuß hin und her.

„Nö, die Kraft der Gedanken und Interpretationen hatten wir ja schon. Denke an die Gespräche, die du mit Hans und Johann geführt hast, nachdem Rainer auf der Bildfläche erschienen war."

„Also, ich gebe zu, dass er von dem Moment an meine Aufmerksamkeit auf sich gezogen hatte. Auch wenn wir an dem Abend über andere Dinge gesprochen habe, so habe ich ihn die ganze Zeit über aus dem Augenwinkel beobachtet."

Emma kratzte sich am Ohr. Rechts sah sie eine Kuh den Berg hinaufsteigen. Sie hatte die Glocke um den Hals, deren Klang Emma vorher schon wahrgenommen hatte.

„Und wir haben immer wieder über ihn geredet."

„Aber *wie* habt ihr über ihn gesprochen?"

Die Erkenntnis erwachte tief aus ihrem Sonnengeflecht und sickerte langsam in Emmas Bewusstsein. Zerknirscht beantwortete sie die Frage.

„Wir haben Urteile über ihn gefällt. Oh, Infinitus, auf welch hohem Ross habe ich gesessen! Wer war ich denn, dass ich den ersten Stein werfen durfte? Das ist es, was meine Lektion heute beinhaltet, nicht wahr?"

„Wenn du damit sagen möchtest, niemand sollte einen anderen Menschen verurteilen, ja, das ist die Lehre. Jeder Mensch lebt sein Leben, ob es dir gefällt oder nicht. Jeder hat seine eigenen Vorstellungen und seine eigene Moral."

Emma zog die Stirn in Falten.

„Wenn jemand aber keine Moral hat, soll ich das gutheißen?"

„Nein, du musst gar nichts gut finden, was andere tun. Aber wer definiert denn Moral oder Benehmen? Wer sagt denn, dass deine Definition die richtige ist?"

Emma nahm sich etwas Zeit, um diese Worte in sich wirken zu lassen. Grundsätzlich konnte sie Infinitus recht geben, aber ein Gedanke bereitete ihr noch Probleme.

„Was ist mit Kriminellen, mit Kriegsverbrechern? Oder, ganz schlimm, was ist mit Pädophilen? Ich kann doch unmöglich sagen, ach ja, die haben halt ein anderes Moralverständnis. Infinitus, das kann nicht sein!"

„Ich weiß, dass es eine sehr schwierige Lektion ist, eine der schwersten überhaupt. Tatsache ist aber, solange die Menschen so leben wie jetzt, wird es Polaritäten geben. Hier nach deiner Auffassung gut und böse. Das ist so und bildet ein Gleichgewicht. Dein Widerstand kann diesen Zustand nicht verändern. Ich sage nicht, dass ein Mensch, der einem anderen Schaden zufügt, keine Konsequenzen dafür tragen soll. Ich sage aber, alles ist, so wie es ist und jeder Mensch steht auf dem Platz, den er für sich als richtig erkannt hat."

Emma atmete tief durch.

„Das heißt, wenn ich jetzt ein Richter wäre, könnte ich aufgrund des Gesetzes ein Urteil fällen. Ich würde die Straftat verurteilen, aber nicht den Menschen, oder?"

Begeistert nickte Infinitus.

„Besser hätte ich es nicht beschreiben können." Er kicherte.

„Ich möchte in deinen Augen ja nicht als Anarchist dastehen! Aber glaube mir, die unzähligen Urteile und teilweise wirklich bösartigen Verurteilungen der Menschen in ihrem Alltag haben selten mit Kriminalität zu tun. Menschen nehmen leider immer an, dass ihr

eigenes Lebensmodell für jeden das Richtige ist."
„Uih, das klingt recht arrogant, ich verstehe. Du meinst:
Leben und leben lassen!"
„Genau."
Infinitus erhob sich. Er entfernte sich ein paar Schritte
von der Bank und schrieb mit tiefgrüner Farbe, die sich
von dem Bergpanorama im Hintergrund abhob, in die
Luft:

Jeder ist immer richtig.
Jeder. Ist immer richtig.
Jeder ist. Immer richtig.
Jeder ist immer. Richtig.

8.

Die Berge schienen vor Emmas Augen zu verschwimmen, eine Art hellgrüner Nebel umgab sie nach und nach, um dann mit ihr eins zu werden und sie durch die Sphären treiben zu lassen. Eine unergründliche innere Ruhe und Stille ergriff von Emma Besitz. Obwohl sie die grüne Farbe nicht mehr bewusst sehen konnte, fühlte sie sich von ihr umgeben und ausgefüllt. Es war ein tiefer Frieden im Stillstand der Zeit.

Vor der beobachtenden Emma erschien das Gebäude der Firma, in der sie gearbeitet hatte. Da kam sie auch schon um die Ecke, betrat den grauen Flur im Erdgeschoss und ging in das Treppenhaus, nachdem sie zögernd wie immer versucht gewesen war, den Aufzug zu nutzen. Emma trug einen grauen Hosenanzug, der feine rosafarbene Nadelstreifen hatte und durch ein pinkfarbenes glänzendes Innenfutter edel und nicht zu konservativ wirkte. Passend dazu hatte sie eine rosafarbene Bluse mit Stehkragen gewählt. Ein leichtes Rouge und Wimperntusche reichten ihr als Makeup, sie bevorzugte ein natürliches Aussehen. Beim Erreichen des dritten Stockes war sie etwas außer Atem, aber sehr zufrieden mit sich, dass sie die Treppe genommen hatte.

„Guten Morgen, Birgit", begrüßte sie fröhlich ihre Arbeitskollegin, die sich gerade ein Glas Wasser einschenkte und neben ihren Computer stellte.

„Hallo Emma. Du scheinst ja gute Laune zu haben. Schön. Ich bin schon seit einer halben Stunde da, weil ich mit meinem Mann mitfahren konnte."

Während Emma ihre Tasche zur Seite stellte und ihren PC anschaltete, trat Birgit neben sie.

„Lass uns kurz besprechen, was heute auf dem Programm steht. Herr Söllter wartet auf die Statistik von gestern und du müsstest die Abrechnung hier bitte kontrollieren, da stimmt etwas nicht. Die Endsumme ist zu hoch."

Emma warf einen flüchtigen Blick auf die Rechnung einer Zuliefererfirma.

„Kein Problem. Ich rufe da gleich an. Haben wir nichts Wichtiges? Wahl des Mitarbeiters des Monats? Haustiererlaubnis im Büro für Angestellte?"

Die beiden Frauen lachten. Im Büro herrschte eine angenehme Atmosphäre. Emma schickte oft im Stillen ein Dankgebet in den Himmel, dass sie diese Arbeitsstelle bekommen hatte.

Plötzlich erfüllte ein ohrenbetäubender Lärm den Raum. Emma zuckte zusammen, auch Birgit war sichtlich erschrocken. Dann schlug sie sich mit der flachen Hand auf die Stirn.

„Stimmt ja! Die fangen heute an!"

Emma war irritiert.

„Wer fängt an?"

Es war ihr klar, dass sie eine Information verpasst haben musste, als sie vor einigen Wochen Urlaub gehabt hatte.

„Klingt, als wird das gesamte Gebäude abgerissen."

„Abgerissen nicht. Es werden aber zwei Etagen komplett renoviert, dabei werden auch Zwischenmauern entfernt, um Räume zu vergrößern. Scheinbar haben sie damit gerade über uns begonnen."

Der Krach ermöglichte ihre Unterhaltung nur, da sie sich nahezu anschrien.

„Wie soll man da arbeiten?" fragte Emma genervt.

Birgit zuckte mit den Schultern.

„Das ist wirklich ächzend. In den nächsten Wochen werden wir das ertragen müssen."

Sie begannen die Arbeit, in ihrer Konzentration und Gelassenheit durch den permanenten Lärm gestört. Wenn eine Minute Ruhe herrschte und sie gerade sich zu entspannen begannen, ging der Krach von vorne los.

„Wenn ich das gewusst hätte, dann hätte ich meinen Urlaub besser jetzt genommen", vertraute Emma Birgit in der Mittagspause an. Die Bauarbeiten hatten gerade erst begonnen und schon lagen ihre Nerven blank. Birgit schien mit der Störung besser klar zu kommen.

„Versuch es einfach zu ignorieren."

„Ich habe keine Ahnung, wie das gehen soll", stöhnte Emma. „Es ist doch unmöglich zu überhören."

„Das stimmt, wenn ich mich aber sehr auf meine Arbeit konzentriere, dann tritt der Krach in den Hintergrund. Ich höre ihn, er spielt aber keine Rolle mehr."

„Ich beneide dich, Birgit. Echt. Wie machst du das nur?"

„Vielleicht bin ich ein Naturtalent. Mit sieben Geschwistern ist man einen lauten Geräuschpegel gewohnt. Du weißt ja, dass meine Eltern ein Geschäft unter den Wohnräumen hatten. Es war ein sehr hellhöriges Gebäude, daher bin ich sicher resistenter gegen alles, was akustisch stört. Obwohl ich es auch lieber ruhig habe."

Emma war traurig. Etwas einfach überhören oder ignorieren, das klang so leicht, sie hatte jedoch keine Ahnung, wie sie es umsetzten sollte. Schon immer suchte und mochte sie die Stille. Ihre Eltern hatten sie früher lächelnd ein 'kleines Sensibelchen' genannt. Sie schlug niemals eine Tür oder eine Schublade fest zu und konnte es nicht nachvollziehen, wenn Menschen sehr laut waren. Ihr Leben hatte sie entsprechend eingerichtet, so dass sie trotzdem ein ausgeglichener und gelassener Mensch war. Ängstlich fragte sie sich nun, wie sie die nächsten Wochen möglichst gut überstehen sollte.

Abends erzählte sie Johann von den Bauarbeiten im Bürogebäude.

„Ach, du Ärmste." Johann war voller Mitgefühl. Er kannte Emmas Empfindlichkeit Lärm gegenüber. Sein Beruf als Schreiner brachte es mit sich, dass es manchmal etwas lauter zuging. Er dachte überhaupt nicht darüber nach, es war einfach so.

Emma grollte.

„Warum beginnen diese Arbeiten nicht während der Betriebsferien? Und dann ausgerechnet die Etage über uns. Ich werde wahrscheinlich in den nächsten Wochen wahnsinnig!"

Johann lachte.

„Macht denn der Wahn Sinn?"

Wie so oft konnte er mit seinem Humor die Spannung in Emma lösen und sie fiel in sein Lachen ein.

„Da muss ich wohl einfach durch, oder?"

„Es wird dir nichts anderes übrigbleiben. Es sei denn, du willst kündigen."

„Und dann das Hausmütterchen spielen?"

„Genau. Ich bin der Ernährer und du bringst mir abends das Bier und die Pantoffeln an das Sofa, wenn ich nach getaner Arbeit nach Hause komme."

„Das würde dir so passen!"

In den kommenden Wochen fiel es Emma schwer, zur Arbeit zu gehen. Jeder Tag auf der Baustelle war eine Herausforderung. Morgens erwartete sie ängstlich den Tag, der bezüglich des Lärms wie ein Berg vor ihr zu liegen schien. Abends stellte sie erleichtert fest, es doch irgendwie bewältigt zu haben. Eine gewisse Nervosität und Anspannung ließ jedoch erst nach, als die Bauarbeiten abgeschlossen wurden.

Die beobachtende Emma sah sich erleichtert und mit einem guten Bauchgefühl das Bürogebäude verlassen, als der erste Tag ohne den Lärm zu Ende ging. Beschwingt lief Emma aus der Drehtür ins Freie und freute sich auf ihren Feierabend, aber nun auch wieder auf den nächsten Arbeitstag. Die Konfrontation mit dem Krach hatte sie angestrengt und manchmal beinahe verzweifeln lassen. Endlich war es vorbei!

Vor Emmas Augen sah sie sich selbst um die Ecke biegen. Bei dem Gefühl, als sei sie in einem riesigen Wattebausch eingebettet, wusste sie, dass sie nun zu Infinitus zurückkehren würde. Von einer intensiven Weichheit umgeben tauchte Emma ab in die farbenfrohe Unendlichkeit des Moments. Ein Geräusch kam näher, das nach Regen klang. Es war Regen! Es regnete sogar in Strömen! Auf einer Wiese, die durch das Wetter in eine Matschlandschaft verwandelt war, erwartete Infinitus lachend Emma.

„Ich grüße dich, schöne Frau."

Er breitete die Arme aus. Mit einer angenehmen Selbstverständlichkeit nahm Emma seine Aufforderung an und beide hielten sich eng umschlungen. Staunend löste Emma die freundschaftliche Umarmung.

„Es regnet Bindfäden. Der Engländer würde sagen: 'it is raining cats and dogs'."

„Ja." Wie immer wirkte der Freund sehr fröhlich.

„Lass uns eine Arche bauen!"

Emma lachte.

„Wir brauchen keine. Ich kann es nicht glauben, ich stehe im Regen und fühle mich weder kalt noch nass an. Es ist wunderschön. Der Regen ist so weich."

Emma schaute sich um. Am Himmel hingen dunkelgraue Wolken, die fast bis zum Boden reichten. Es war trüb, die Bäume hinter den Wiesen und Feldern, die sie umgaben, waren von einem nass-düsteren Nebel umgeben. Die Natur tränkte sich mit Wasser.

„Infinitus!" staunte Emma. „Früher hätte ich dieses Wetter als absolut ungemütlich, vielleicht sogar als depressives Wetter bezeichnet. Jetzt empfinde ich es ganz anders. Es ist, als ob der Himmel weiß, dass der Boden Wasser braucht und die Natur die entsprechenden Bedingungen schafft. Es fühlt sich so perfekt an."

„Es ist perfekt. Es gibt kein Wetter und kein Naturschauspiel, das nicht perfekt ist."

„Ich bin fasziniert. Es ist so einfach. Wetter kann gar nicht richtig und falsch sein. Wetter *ist*."

Infinitus zeigte mit einer ausladenden Bewegung in die Landschaft.

„Wer könnte dies kritisieren? Das bringen nur Menschen fertig." Er lachte. „Aber auch das soll keine Kritik sein."

Der großgewachsene Mann hielt dem Regen, der allmählich in ein Nieseln überging, sein Gesicht hin.

„Apropos Menschen", sagte er und grinste. „Wie war es auf der Arbeit?"

„Meinst du unser gemeinsames Arbeiten hier oder meine Arbeit im Büro?"

Mit hochgezogenen Augenbrauen überließ Infinitus die Antwort Emma.

„Wie immer du es verstehen willst!"

Emma zog ihren linken Fuß aus dem Matsch und erfreute sich an dem Geräusch, das dadurch entstand. Wie konnte es sein, dass sie gar nicht bemerkt hatte, barfuss auf der

Wiese zu stehen? Sie konzentrierte sich wieder auf das Gespräch mit Infinitus.

„Das Thema war eindeutig: Lärm!" Mit einer theatralischen Geste hielt sie sich die Ohren zu. „Viel Lärm!"

Infinitus lachte sein lautes, fröhliches Lachen.

„Du sprichst von eindeutig?" fragte er. „Knapp daneben ist auch daneben. Aber es zeigt, was dir besonders wichtig war, beziehungsweise wie du die Situation empfunden hast. Denn eigentlich war oder besser ist das Thema die Stille."

„Davon habe ich leider nicht viel wahrgenommen."

„Eben."

Interessiert wandte Emma Infinitus ihre ganze Aufmerksamkeit zu.

„Nun, dann kann ich sagen, die Stille hat gefehlt. Mir ging es in diesen Wochen auch richtig schlecht. Ich war immer glücklich, wenn Feierabend war und ich nach Hause konnte."

„Wo hast du die Stille denn vermisst?"

„Was ist das denn für eine Frage? Im Büro natürlich. Bei dem Lärm, den wir in den Wochen der Bauarbeiten ertragen mussten!"

„Deine Arbeitskollegin Birgit schien besser damit klar zu kommen."

„Ja. Darum habe ich sie sehr beneidet in dieser Zeit. Sie hatte wahrlich Nerven wie Drahtseile."

„Du hast also die Stille im Außen vermisst."

„Äh, ja", antwortete Emma verunsichert, sich dessen bewusst, dass dieses Thema eine Lehre für sie bereithielt.

„Ich höre mit meinen Ohren, ob es laut oder leise ist. Irgendetwas habe ich dabei übersehen, nicht wahr?"

„Das hast du. Wie waren denn die inneren Selbstgespräche in deinem Kopf während der Zeit?"

„Ja, ich gebe es zu", erkannte Emma. „In meinem Kopf drehte sich viel um den Krach am Arbeitsplatz, auch wenn ich gar nicht mehr im Büro war."

„Stimmst du mir zu, dass du eine Menge Lärm in dir hattest, in deinem Kopf?"

Emma nickte. Ihr dämmerte, was Infinitus ihr beibringen wollte.

„Birgit konnte mit dem Lärm gut umgehen, weil sie sich damit nicht beschäftigt hat. Irgendetwas in ihr ist nicht damit in Resonanz gegangen."

Infinitus nickte.

„Ja, Birgit hat sich ihre innere Stille bewahrt."

„Du meinst, es gibt eine innere Stille, die unabhängig vom Außen ist? Die man auch hören oder besser fühlen kann, wenn um einen herum Lärm und Radau ist?"

„Es wäre schrecklich, wenn es nicht so wäre. Du konntest deine innere Stille nicht wahrnehmen, da du dich mit der Empfindung Lärm identifiziert hast. Es gibt eine innere und eine äußere Stille. Der Raum in dir kann immer still sein, wenn du dir deiner selbst bewusst bist. Dazu bedarf es keiner äußeren Ruhe. Pass auf, lass uns ein Stück gehen."

Durch das viele Wasser auf der durchgeweichten Wiese machte jeder ihrer Schritte ein schlurpsendes Geräusch. Emma lauschte ihm nach. Sie fühlte ihre innere Stille, die nichts mit diesem Laut zu tun hatte. Emma spürte, dass sie nicht versuchen musste, einen Ton zu überhören. Er konnte sein, so wie Lärm und Krach sein konnten. Sie hörte, ohne sich davon in ihrem Inneren berühren zu lassen. Diese allumfassende Erfahrung war so aufregend, dass sie ihr fast den Atem raubte. Sie brauchte nichts auszuschließen, nichts zu ignorieren und konnte doch oder gerade deswegen ganz in sich ruhen.

„Es fühlt sich so, so...", sie suchte nach Worten.

„...komplett an?" Infinitus vervollständigte den Satz für sie, denn natürlich wusste er, welche Erfahrung Emma gerade gemacht hatte. Sie war außer sich vor Freude.

„Komplett, das ist das richtige Wort. Warum wissen die Menschen so wenig davon? Wenn jeder seinen inneren Raum der Stille kennte, wäre viel weniger Stress auf der Erde."

„Es gibt ständig ausreichend Hinweise für die Menschen, die sie leider nicht wahrnehmen."

„Vermutlich ist es so. Aber irre ich mich denn, wenn ich sage, die Welt ist viel zu laut?"

„Nein, die Menschen heute leben so laut wie nie zuvor. Äußere Stille ist kostbar geworden und wird gerade daher viel gesucht. Leider suchen die Menschen verzweifelt im Außen und wundern sich, dass sie nicht fündig werden."

„Katrin hat jeden Tag eine halbe Stunde meditiert. Sie war ein sehr ausgeglichener Mensch. Bei der Meditation hat sie wohl ihre Stille gefunden."

„Meditation ist ein hervorragender Weg. Er schärft die Achtsamkeit im Jetzt und führt zur Wahrnehmung der inneren Stille. Dabei ist es aber weniger wichtig, wie lange und oft jemand meditativ sitzt, sondern wie viel er von der Erfahrung in den Alltag transportieren kann."

„Ich habe auch Zeit meines Lebens die Stille gesucht. "

„Und nicht gewusst, dass sie bereits da ist. Dennoch tut es gut, auch bewusst äußere Stille wahrzunehmen, das will ich nicht leugnen. Für manche Menschen ist dies auch der Weg, ihr Selbst zu fühlen und so finden sie die innere Stille. Eigentlich aber müsste man gar nichts suchen, was sowieso da ist."

„Jetzt weiß ich auch, warum es immer mal wieder Personen gab, die auf mich eine unglaubliche Ruhe ausstrahlten. Sie kannten das Geheimnis der inneren Stille."

„Ach, Emma", lachte Infinitus. „Es soll doch kein

Geheimnis sein. Also, es scheint wirklich schwierig geworden zu sein, als Mensch zu leben."

„Ja, die Menschen haben auch keine Zeit mehr. Wann hätte ich denn meditieren sollen, wann wäre der richtige Zeitpunkt gewesen, mich mit der inneren Stille zu beschäftigen?"

„Schade, dass diese einfache Wahrheit übersehen wird: es braucht keine Zeit, sich selbst und seine innere Ruhe zu finden. Das Trainingslager ist der Alltag, jeder Moment, den das Leben dir schickt. Du kannst dir deiner Selbst bewusst sein, wenn du arbeitest, beim Bügeln, beim Lesen, beim Spielen mit deinen Kindern, ja, sogar, wenn du liebst. Wenn nicht jede Sekunde deines Lebens die Lehre des Jetzt und des Selbst beinhaltet, wo soll sie sonst sein?"

Lächelnd begann er passend zur grauen Regenlandschaft mit einem Finger silbrig-graue Buchstaben in die Luft zu schreiben. Konzentriert und langsam bildet sich Wort für Wort, bis schließlich in der Luft vor den dunklen Wolken glitzernd vier Sätze standen:

Stille ist immer überall.
Stille. Ist immer überall.
Stille ist. Immer überall.
Stille ist immer. Überall.

Andächtig betrachtete Emma das Geschriebene. Sie hörte den Regen, den Wind und das Rauschen der Natur. Gleichzeitig spürte sie die unendliche Tiefe der inneren Stille in sich, wodurch sie und die Natur miteinander zu verschmelzen begannen.

100

9.

Die Erfahrung der inneren Stille in sich tragend spürte
Emma eine sphärische Veränderung, von der sie wusste,
dass diese sie in die nächste Phase des Lernens führen
würde. Obwohl sie durch eine weißgelbe Lichtspirale
gedreht wurde, empfand sie keinen Schwindel, sondern
eher eine Leichtigkeit, die sie am besten mit dem Zustand
nach einem Glas Sekt hätte beschreiben können.
Amüsiert dachte sie:
'Das Jenseits als Rauschmittel, toll!'
Umhüllt vom Licht näherte sie sich der diesseitigen Welt.
Beim ersten Blick auf die Lebenssituation, in die sie
gebracht wurde, stellte sie fest:
'Aha, jetzt geht es ans Eingemachte!'

Emma sah sich als hochschwangere Frau. In Begleitung
von Johann steuerte sie die gynäkologische Abteilung der
städtischen Klinik an. Am frühen Morgen war sie
unruhig und aufgewühlt erwacht. Ein ungutes Gefühl
hatte sich ihrer mit einer Intensität bemächtigt, dass sie
sofort den Ernst der Lage erkannt hatte. Sie weckte
Johann, der sich schnell anzog und nach einem Telefonat
mit dem Krankenhaus, in dem er ihr Kommen
ankündigte, mit ihr losfuhr. Der Tag erwachte, die Sonne

schickte ihre ersten Strahlen über die Häuser. Der vergangene kalte Winter hatte auf den Straßen seine Schäden hinterlassen, aber all diese Dinge nahmen Emma und Johann, gefangen in ihren ängstlichen Gedanken, nicht wahr.

„Emma, beruhige dich", sagte Johann und legte auf dem Weg zum Aufzug den Arm um seine Frau.

„Es ist nur noch eine Woche bis zum Geburtstermin. Die Kleine schöpft Kraft und schont sich." Leider glaubte er intuitiv seinen eigenen Worten selbst nicht recht.

Emma begann zu weinen.

„Nein, ich spüre nichts mehr. Ich kann es nicht erklären, aber es fühlt sich anders an, als wenn sie schläft. Sie tobt ja auch sonst nicht ständig in meinem Bauch herum. Ich habe Angst, Johann!"

Der Lift hielt und schnell stiegen sie ein. Atemlos betraten sie die Entbindungsstation, wo sie bereits von einer Schwester erwartet wurden, die sie in das Untersuchungszimmer von Doktor Stülker brachte.

„Nehmen sie Platz, der Doktor ist bereits informiert und wird jeden Moment da sein."

Die Schwester ließ das Paar allein. Alleine mit ihrer Angst und bangen Erwartungen. Emma spürte die Pulsation ihres Herzens, der Schlag ging ihr durch die Halsschlagader bis tief unter die Kopfhaut. Die wenigen Minuten, die sie auf den Arzt warteten, zogen sich gefühlt wie Stunden hin.

Doktor Stülker sprach kurz mit Emma und Johann und begann sofort mit der Untersuchung, da er die Patientin kannte und wusste, dass sie weder zur Übertreibung noch zur Hysterie neigte. Während der zwei apparativen Untersuchungen sprach keiner ein Wort. Die ernste Miene des Arztes vergrößerte Emmas Ängste. Schließlich sagte der Mediziner mit traurigem Gesicht:

„Ich muss ihnen leider sagen, dass ihr kleines Mädchen im Mutterleib verstorben ist."

Der Satz hatte eine stärkere Wirkung auf Emma und Johann, als es ein Schlag in das Gesicht hätte haben können.

Johann reagierte als erster. Aufgeregt sagte er: „Sie müssen sofort einen Kaiserschnitt machen! Vielleicht lebt sie noch. Sie muss gerettet werden. So tun sie doch etwas!"

„Es tut mir so leid, Herr Schreiber. Ich bin mir ganz sicher. Von der Kleinen sind weder Herzschläge zu hören, noch schlägt das kleine Herz sichtbar auf dem Ultraschall. Es hat aufgehört zu schlagen und ich kann ihnen nicht sagen, warum."

Während bei Johann bereits die ersten Tränen flossen, war Emma wie paralysiert. Sicher träumte sie einen schlechten Traum und würde gleich erwachen! Die Realität konnte nicht so destruktiv sein und ihre Zukunft in einem Moment zerstören. Langsam erhob sie sich von der Untersuchungsliege, auf der Doktor Stülker die Ultraschalluntersuchung gemacht hatte, setzte sich auf und stütze ihren Kopf in die Hände. Sie blickte auf ihren dicken schwangeren Bauch herunter, auf den sie so stolz war. Er sollte Leben enthalten. Allmählich sickerte die Tatsache in ihr Bewusstsein, dass das Leben unter ihrem Herzen erloschen war. In einem tranceähnlichen Zustand griff sie nach dem neben ihr liegenden Tuch und begann, das Ultraschallgel abzuwischen. Wie betäubt zog sie ihr Shirt über den geliebten Kugelbauch und stand auf.

„Bitte kommen sie mit."

Die einfühlsame Art des Arztes konnte das junge Paar nicht trösten. Er ging mit ihnen in das Nebenzimmer, wo sie sich um seinen Schreibtisch herumsetzten.

Die beobachtende Emma erinnerte sich noch genau an alle schmerzhaften Details dieses Tages.

Nachdem Doktor Stülker ihnen mit ernster Miene sein Mitgefühl ausgesprochen hatte, erläuterte er dem schockierten Paar das weitere Vorgehen.
„Sie sollten die Kleine auf natürlichem Weg zur Welt bringen", sagte er mit leiser, aber fester Stimme zu Emma.
Ein Schluchzen stieg aus Emmas Kehle hervor, trocken noch und ohne die Fähigkeit zu weinen. Sie fühlte sich entrückt, so als beobachtete sie sich selbst.
'"Was macht das für einen Sinn?" fragte Johann den Arzt.
„Muss meine Frau nicht so schon genug Qualen durchleiden?"
Dr. Stülker nickte verständnisvoll.
"Ja, sie haben Recht. Ich bin mir dessen bewusst, dass ihre Situation schwierig und traurig ist. Aber aus medizinischer Sicht betrachtet ist es für den Körper ihrer Frau besser, das Kind normal zu gebären. Diesen Schmerz kann ich ihnen leider nicht abnehmen, selbst wenn ich dies gerne tun würde. Ich kann sie nur als Arzt beraten und ihnen Empfehlungen geben, wie es weitergehen soll. Gespräche mit Frauen nach einer solchen Geburt haben ergeben, dass diejenigen, die ihr Kind mit dem Erleben einer normalen Geburt verbinden konnten, emotional später besser mit diesem Trauma klarkamen. Es gab ihnen wenigstens das Gefühl des normalen Abschlusses der Schwangerschaft. Jetzt ist es für sie schwer nachvollziehbar, aber ich als Arzt denke dabei an die Zukunft, in der sie mit dem Verlust und dem Erleben des heutigen Tages zu Recht kommen müssen. Ihre Frau muss das Kind in den nächsten Stunden zur Welt bringen. Alles andere ist unverantwortlich. Ich werde alles in meiner Macht Stehende tun, um ihnen eine

Atmosphäre zu schaffen, die dem Ereignis angemessen ist."

Johann atmete hörbar aus. „Dem Ereignis! Das ist es also, wozu die Geburt meiner Tochter geworden ist." Er schluckte schwer.

„Aber ja, das ist es! Wenn ein Kind gesund zur Welt gekommen ist, spricht man ja auch von einem glücklichen Ereignis."

Dr. Stülker betrachtete das vor ihm sitzende Paar ruhig.

„Von glücklich kann nun keine Rede sein. Aber vergessen sie bitte nicht: es wird dennoch die Geburt ihrer Tochter sein!"

Die beobachtende Emma erinnerte sich, dass die Worte des Arztes perfekt gewesen waren. Er hatte ihnen klargemacht, dass es sich trotz der Totgeburt um ein kleines wunderbares Mädchen, *ihr* Mädchen, handelte. Damit hatte er ihnen die Situation nicht erträglicher gemacht, er hatte sie aber so begleitet, wie sie es sich besser nicht hätten wünschen können. Diese Tatsache war ihnen in ihrem Schmerz nicht klar gewesen. Später jedoch, wenn sie über diesen schwarzen Tag in ihrem Leben gesprochen hatten, waren sie Doktor Stülker rückblickend immer sehr dankbar für seine einfühlsame und liebevolle Art gewesen.

Emma lag nun seit zwei Stunden am Wehentropf und beobachtete weinend die hormonelle Flüssigkeit, die unablässig in ihre Vene tropfte. Johann hielt ihre Hand. Sie sprachen kaum, es gab keine Worte, die der Situation angemessen schienen. Die Wehen nahmen an Intensität zu, was Emma der Krankenschwester mitteilte, die regelmäßig nach ihr schaute und es dabei nie versäumte, Emma zart über den Arm zu streichen. Allen Personen war die Traurigkeit und Besonderheit des Geschehens bewusst. Es herrschte eine sehr ruhige, nahezu friedliche Atmosphäre, die Emma und Johann umgab wie ein Kokon, der sie leider nicht davor schützen konnte, die Geburt zu erleben und ihr totes Mädchen in den Armen zu halten.

Als Emma mit einer letzten Presswehe der komplikationslosen Geburt die Kleine auf die Welt gebracht hatte, war es im Kreißsaal unglaublich leise. Für einen Moment schien die Welt still zu stehen, die Ruhe brachte auch die schmerzvolle Gewissheit, dass der Arzt sich doch nicht getäuscht hatte, denn das Schreien des Säuglings, das für alle Eltern wie Musik in den Ohren ihren neuen Lebensabschnitt eröffnet, blieb aus.

Nachdem die Hebamme das Gesicht der Kleinen gesäubert hatte, wickelte sie das Mädchen in ein weißes Handtuch und legte sie Emma in den Arm.

„Sie ist wunderschön", sagte sie mit belegter Stimme.

„Sie heißt Eva", sagte Emma und küsste ihr Kind auf die Stirn. Auch Johann beugte sich ergriffen über seine Tochter und küsste sie. Einen ganz kleinen Augenblick lang vergaßen sie beim Anblick des wunderschönen Säuglings, dass sie nicht atmete.

„Sie ist perfekt", flüsterte Johann.

Nachdem Emma medizinisch versorgt war, verließ das Personal taktvoll den Kreißsaal, so dass Emma und Johann mit ihrem Kind alleine sein konnten. Gleichzeitig begrüßten und verabschiedeten sie das kleine Wesen.

„Wir haben uns so auf dich gefreut", sagte Emma mit erstickter Stimme. „Du bist unser kleiner Sonnenschein und wirst es immer sein."

„Sie ist unser Geschenk, das wir nicht mit der Welt teilen werden, können. Aber sie wird immer ein Geschenk sein. Das kostbarste, das wir jemals bekommen haben."

Sie küssten die zehn kleinen Fingerchen, streichelten das kleine Wesen und erzählten ihr von der großen Liebe, die sie immer miteinander verbinden würde. Der schlimmste Moment kam, als Emma und Johann aufgefordert wurden, die kleine Eva aus ihren Armen freizugeben, damit sie untersucht und dann eingesargt werden konnte. Auf eine Obduktion wollten sie verzichten, sie hatten lediglich ihre Zustimmung zu einer Blutanalyse gegeben, um eine etwaige genetische Beteiligung an dem frühzeitigen Sterben des Kindes abzuklären.

Die Krankenschwester, der sie den Leichnam ihres Kindes anvertrauten, sagte leise, mit Tränen in den Augen:

„Ein Engelchen kehrt zurück."

Das Ehepaar entschied sich für einen Kindersarg in einem kräftigen Pink.

„Eva ist eine Farbe für unser Leben", erklärten sie die Entscheidung ihren Eltern. „Ein konventioneller Sarg ist weiß und das ist keine Farbe. Das gefällt uns nicht."

Jeder konnte diese Gedanken nachvollziehen.

Evas Beerdigung fand im engsten Familienkreis statt. Sie kam auf Wunsch von Emma und Johann in das Grab von Emmas Großmutter, an die sich jeder als großartigen und positiven Menschen erinnerte. Auch wenn es keinen Trost für den unendlichen Schmerz des jungen Paares gab, so mochten sie den Gedanken, ihren kleinen Engel in die Obhut der Großmutter zu geben.

An die kommenden Wochen und Monate hatte Emma später immer wenige Erinnerungen. Irgendwie ging das Leben weiter, sie stürzten sich in Arbeit und verbrachten am Anfang viel Zeit auf dem Friedhof im trügerischen, doch tröstenden Glauben, Eva hier besonders nahe zu sein. Ein Bild ihres Kindes hing in jedem Zimmer. Eva sollte in ihrem Leben immer präsent sein. Es dauerte sehr lange, bis sie vorsichtig über ein zweites Kind zu reden begannen.

Irgendwann entschieden sie sich dafür.

„Es wird niemals einen Ersatz für Eva geben", erklärte Emma ihrer Mutter. „Aber warum sollte sie nicht ein Schwesterchen oder Brüderchen bekommen? Wenn sie lebte, hätten wir uns sicher auch für ein zweites Kind entschieden."

Emmas Mutter freute sich sehr darüber, sie erhoffte sich von einem weiteren Kind, dass ihre Tochter den inneren Frieden wiederfinden würde, den sie ganz offensichtlich verloren hatte.

„Das ist eine wunderbare Entscheidung", sagte sie und nahm Emma in den Arm. „Ihr habt so viel Liebe zu geben. Irgendwo im Himmel wartet sicher noch ein kleines Wesen, um zu euch zu kommen."

Emma lächelte. Ihre Mutter war immer spirituell im Denken gewesen und hatte keine Scheu, das auszusprechen, was sie dachte.

Die beobachtende Emma hatte nun eine lange Phase ihres Lebens betrachten können. Sie erinnerte sich sehr gut an diese Achterbahnfahrten der Gefühle, die Johann und sie bezüglich der Geburt von Eva und ihren Ängsten gehabt hatten, noch einmal eine Schwangerschaft durchzustehen, ohne ständig daran zu denken, dass auch dieses Kind vielleicht kurz vor der Geburt sterben könnte. Aus medizinischer Sicht gab es kein Hindernis für die Beiden. Man hatte Evas Sterben nicht erklären können.

Emma wurde aber nicht mehr schwanger. In den kommenden Jahren dachte sie oft darüber nach, ob die Ängste, die sie immer noch in sich trug, so stark sein konnten, um eine neue Schwangerschaft zu verhindern. Ehrlich genug sich selbst gegenüber erkannte sie die

Panik tief ich sich, die aufstieg, wenn sie nur daran dachte.

Die beobachtende Emma wurde von einem Tunnel aus orangefarbenen Kristallen eingesogen und durch die Atmosphäre transportiert. Wie immer bei diesem Wechsel trug sie ein Gefühl tiefen Friedens in sich, welches bei jeder dieser Reisen intensiver zu werden schien. Sie freute sich auf Infinitus und ihr Gespräch. Erfüllt von Farbe und Licht traf sie ihren Freund unter einem Kastanienbaum wieder. Auf dem Boden lagen braune Kastanien, die den Schein der Sonne reflektierten. Infinitus hatte eine dieser Baumfrüchte in der rechten Hand, warf sie hoch und fing sie wieder auf.

„Ich freue mich, dich zu sehen", begrüßte er Emma.

„Ich freue mich auch. Hallo Infinitus."

„Wie ist es dir ergangen?"

Emma spürte in sich die Emotionen, die sie mit sich selbst in der Vergangenheit hatte durchleben und -leiden können. Friedvolle Liebe und Zärtlichkeit beherrschte ihr Fühlen, aller Schmerz und die ganze Traurigkeit hatte sie hinter sich gelassen.

„Es ist merkwürdig, wie ich es empfinde, wenn ich die Reisen unternehme. Ich meine, es ist ausgesprochen schön, dieses Trauma so sachlich betrachten zu können. Nein, sachlich ist das falsche Wort. Ich empfinde einerseits eine gesunde Distanz dazu, andererseits bin ich voller Mitgefühl und Zuneigung zu mir und Johann. Wie kann das sein, Infinitus? Was passiert mit mir?"

„Nun, du hast dein Ego hinter dir gelassen. Jetzt ist Emma ihr Selbst."

„Moment mal - willst du etwa behaupten, es sei egoistisch, um sein Kind zu trauern?"

Infinitus lächelte sie verständnisvoll an und warf noch einmal seine Kastanie in die Luft.

„Nein, das behaupte ich nicht. Es gibt wohl kaum einen Menschen, der das Annehmen, dessen Lektion wir schon hatten, so bewusst und komplett leben und fühlen kann, dass er nicht um sein Kind weinen würde."

„Ich kann mir nicht vorstellen, dass es überhaupt möglich ist."

„Es ist aber möglich. Das Leben ist immer vergänglich und unterliegt Veränderungen. Die Menschen hängen in ihrem Verstand, der dies nicht zulassen kann."

Emma hielt ihr Gesicht in einen Sonnenstrahl, der sich durch die dichte Baumkrone einen Weg bahnte und fühlte die Wärme auf ihren Wangen.

„Ich habe das mit dem Annehmen schon verstanden. Alles ist leichter, wenn ich es annehmen kann. Dennoch ist es ein Unterschied, ob ich sage, okay ich habe halt den Zug verpasst, da kann ich jetzt nichts ändern oder ob ich sage, mein Kind ist gestorben."

„Beides ist nicht zu ändern."

Emma schüttelte entrüstet den Kopf.

„Ja, natürlich! Erkläre das auf Erden einer Mutter!"

„Ich verstehe deinen Unmut, Emma. Jede Frau würde sich dagegen wehren. Der Schmerz ist so tief, die erste Möglichkeit zur Verarbeitung ist es sicherlich, den *Schmerz* so anzunehmen, wie er ist."

„Im Laufe der Zeit lernt man es tatsächlich. Ach, Infinitus, als Eva starb, dachte ich, auch mein Leben sei zu Ende. Nichts war mehr lebenswert. Zeitweise habe ich sogar die Beziehung zu Johann in Frage gestellt."

Emma dachte an diese schlimme Zeit. In den ersten Wochen nach Evas Tod waren sie und Johann so sehr mit sich selbst beschäftigt, dass kein Raum für Zweisamkeit und liebende Gefühle blieb.

„Alles war sinnlos geworden. Ja, das ist die richtige Bezeichnung. Mein Leben und Sein hatte keinen Sinn mehr."

110

„Womit wir beim Thema sind."

Emma lächelte.

„Ich dachte mir schon, dass es nicht wieder das Annehmen sein kann. Diese harte Phase meines Lebens kannst du doch nicht zur Wiederholung einer Lektion benutzen."

Infinitus hob sich noch zwei Kastanien auf und begann zu jonglieren. Es sah so gekonnt aus, als habe er nie etwas anderes getan.

„Du sagtest eben, dein Sein hätte keinen Sinn mehr gehabt. Das ist nicht so. Ein Sein braucht keinen Sinn. Es ist einfach. Und dennoch hat alles einen Sinn."

„Infinitus, du hast dir gerade widersprochen."

„Ich bin mir dieses scheinbaren Widerspruchs bewusst. Du musst unterscheiden zwischen Sein und Leben. Das Sein ist unendlich, es ist einfach, für das Sein ist der Tod eines geliebten Menschen ebenso eine Tatsache, die aus der Vergänglichkeit von allem entsteht wie das Verpassen eines Zuges. Für dein Leben ist es natürlich nicht so. Leben dürstet immer nach Sinn und dennoch sind der Mensch blind dem gegenüber."

Emma überlegte. In ihrem jetzigen Bewusstseinszustand war es nicht so schwierig, Infinitus Ausführungen zu folgen. Es war ihr jedoch klar, dass sie in ihrem irdischen Leben mit Unverständnis, ja vielleicht sogar mit Aggression auf seine Worte reagiert hätte.

„Du willst also behaupten, der Tod Evas habe in meinem Leben einen Sinn gehabt?"

„Wer sagt denn, dass es einen Sinn für *dich* gehabt haben muss? Meine Gute," Infinitus legte die drei Kastanien, mit denen er jongliert hatte, behutsam neben sich auf den Boden. „Du versuchst aus der irdischen Sicht der Emma zu bewerten. In der physischen Existenz schreit das Ego natürlich hier, wenn es um Sinn oder Unsinn geht. *Ich* trauere, *ich* werde vom Leben ungerecht behandelt, *ich* durchleide gerade ein Trauma. Wer stellt sich die Frage, um wen es eigentlich geht? Niemand, es geht immer um mich. Das ist das Ego. Es betrachtet in sich hinein gerichtet. Das Selbst legt den Fokus der Beobachtungen nach außen. Versuche mal, es aus Johanns oder Evas Sicht zu betrachten."

Von der Wucht der Bedeutung dessen, was Infinitus gerade gesagt hatte, überwältigt, musste Emma eine Weile still sein. Sie dachte nicht, fühlte nicht einmal, sondern war einfach nur da, eine Resonanz der Erkenntnis in sich wieder schwingend, was sie gerade wahrgenommen hatte. Sie setzte sich auf den Boden und lies die Blätter, die vom Kastanienbaum gefallen waren, sachte durch ihre Hände gleiten. Leise sagte sie:

„Ich glaube, die Situation von Johann war meiner sehr ähnlich. Aber niemals wäre ich auf die Idee gekommen, Evas erwachendes Leben in mir und ihren frühen Tod aus ihrer Sicht zu sehen. Wenn du sagst, hinter allem steckt ein Sinn, wo war er? Was konnte dieses kleine Mädchen daraus lernen? Konnte sie überhaupt etwas lernen? Ich meine, sie war doch tot, als sie geboren wurde!"

Infinitus lachte und setzte sich neben Emma. Er legte einen Arm um sie.

„Ja, so tot wie du jetzt." Nun musste auch Emma lachen. Schweigend saßen sie eine Weile da, von den Strahlen der Sonne gewärmt und erhellt.

„Infinitus", nahm Emma das Gespräch wieder auf. „Bitte erkläre mit dem Sinn von Evas Geburt und Sterben."

„Eva war eine kleine Seele, die nicht sicher war, ob sie eine physische Manifestation brauchte. Kurz vor der Geburt entschied sie sich dagegen. Ihre Aufgabe war es, eure Seelen reifen zu lassen."

„Boah", brach es aus Emma heraus. „Das ist aber eine Lektion, die mit brachialer Gewalt in unser Leben gebracht wurde. Und ich fürchte, wir haben sie nicht verstanden."

„Wirklich nicht? Hat sich in eurem Leben denn nichts verändert?"

„*Alles* hat sich nach Evas Tod verändert!"

„Siehst du!"

„Alles ist trauriger und belastender geworden!"

„Wie kannst du das Licht wertschätzen, wenn du das Dunkel nicht gesehen hast?"

„Warum hat die Weisheit des Lebens, oder wie ich es auch nennen kann, uns diese Erkenntnisse nicht geschenkt? Wir hatten so ein unermessliches Leiden! Wären diese Wahrheiten, die ich jetzt begreife, offensichtlicher, wäre auch der Weg einfacher, den ein Mensch gehen muss. Ich wusste gar nicht mehr, welcher Weg der richtige für mich war."

„Die Wahrheiten des Seins sind immer da. Es ist eine Frage des Bewusstseinszustandes, ob man sie oder einen Teil davon erkennen und umsetzen kann. All dies führt zur Einheit mit allem, dann ist das Leiden nicht mehr existent. Du hast verwirrt nach dem einen richtigen Weg gesucht. *Jeder* Weg ist richtig, Emma. Jeder Weg, der zu dir selbst führt!"

Infinitus erhob sich und schrieb mit einem leuchtenden Rot in die Luft:

Sinn ist in Allem.

Sinn. Ist in Allem.

Sinn ist. In Allem.

Sinn ist in. Allem.

Emma seufzte.

„Jetzt fühle ich es und kann dir zustimmen. In meinem menschlichen Sein konnte ich diese Lehre nicht annehmen."

Infinitus lächelte tiefgründig.

„Da bist du nicht alleine gewesen. Aber glaube mir, wenn ich dir sage, die Menschen wachen allmählich auf!"

10.

Mit dem guten Gefühl der Sinnhaftigkeit des Lebens und dessen, was über das hinaus geht, was Emma in den vergangenen Jahren als Leben bezeichnet hatte, spürte sie sich in den Sog der Zeitreise gezogen. Voller Vertrauen gab sie sich dem Geschehen hin, umgeben von Licht und aufblitzenden Sternen, die immer wieder ihre Aufmerksamkeit bündelten. Allmählich fühlte sie die Manifestation ihres Wesens und sah sich selbst als junge Frau am Schreibtisch sitzen. Ah, sie erinnerte sich.

Emma schrieb an ihrer Diplomarbeit. Sie war 24 Jahre alt.
Seit einigen Wochen fühlte sie sich von einem Verstimmungszustand vereinnahmt, der sich nicht mehr verdrängen ließ. In den ersten Tagen der düsteren Gemütsstimmung hatte sie die Vorzeichen einfach ignoriert.
„Das geht vorbei", redete sie sich selbst ein und schob die schlechte Stimmung und Gereiztheit auf den Stress, der kurz vor Abschluss ihres Studiums natürlich stärker wurde.
Einige Tage konnte sie sich selbst glauben. Auch Johann nahm die Veränderung seiner Frau wahr, aber auch er

ging voller Verständnis und sehr liebevoll davon aus, dass Emma die Diplomarbeit mehr zu schaffen machte, als sie zugab. Er versuchte sie zu unterstützen, kochte abends, ließ sie in Ruhe arbeiten und bot ihr seine starke Schulter zum Anlehnen, was Emma dankbar annahm. Er fragte nicht viel, er war ein Mann der Tat und überzeugt davon, dass Emma sich an ihn wenden würde, wenn sie sprechen wollte. So gingen einige Wochen ins Land. Die düstere Wolke, die anfangs über Emma geschwebt hatte, wurde größer, der Himmel zog sich zu und letztendlich ging es ihr so schlecht, dass sie keine Sonne mehr wahrnehmen konnte. Tagsüber war sie so müde, dass sie manchmal Angst hatte, sie könne beim Autofahren einschlafen. Abends jedoch fand sie keinen Schlaf und wälzte sich im Bett hin und her. Der Tag schien jeden Morgen wie ein unbezwingbarer Berg vor ihr zu liegen. Im Laufe des Tages wurde dieses Gefühl weniger, um am kommenden Morgen wieder in seiner ganzen Intensität da zu sein. Emma war verzweifelt. Sich an Johann kuschelnd konnte sie Trost finden. Ihre Lust, mit ihm zu schlafen, verging jedoch komplett. Johann schob auch dies auf Emmas Stress und war voller Geduld und Zärtlichkeit. Von Woche zu Woche hatte Emma weniger Kontakt mit ihrer Familie und Freunden.

„Ich arbeite quasi Tag und Nacht an meiner Arbeit", gab sie die schlüssige Erklärung ab. „Umso schneller kann ich abgeben." So konnte ihr Umfeld lange nicht auf die Idee kommen, dass etwas anderes hinter Emmas Rückzug lag.

Nach einigen Wochen war jeder Schritt für Emma eine Anstrengung. Sie saß zwar viel am Schreibtisch, hatte jedoch abends kaum ein sichtbares Ergebnis zu Papier gebracht. Ihre Gedanken liefen Amok. Alles und jedes wurde im Kopf analysiert und interpretiert. Sie hatte das Gefühl, dass ihr Professor sie durchfallen lassen wollte, auch wenn seine Kritik an einer Formulierung konstruktiv war. Die Nachbarin konnte sie offensichtlich nicht mehr leiden, weil sie nicht gegrüßt hatte. Ein kleiner rationaler Anteil in ihr war sich der Unsinnigkeiten ihrer Urteile bewusst, die sie sich zurechtlegte. Sie verglich sich in Allem mit anderen und war dabei natürlich immer die Verliererin. Ein umfassendes Gefühl des Versagens und der Unzulänglichkeit bemächtigte sich ihrer und sie konnte nicht dagegen ankämpfen. Schließlich brach sie bei jeder Kleinigkeit in Tränen aus. Als sie beim Anblick eines Krisengebietes in den Nachrichten neben Johann aufschluchzte, schaltete er den Fernseher aus. Er nahm Emma in den Arm. Obwohl sie seine Wärme und Nähe wahrnahm, konnte sie nicht einmal daraus Trost finden, eine erschreckende Erfahrung.

Nach einer Weile strich Johann ihr eine Haarsträhne aus dem Gesicht und sagte:

„Emma, ich mache mir ernsthafte Sorgen. Der Studienabschluss ist sicher anstrengend, das will ich nicht abstreiten. Dennoch habe ich das Gefühl, die Situation ist dir entglitten."

Emma kauerte wie ein Häuflein Elend neben ihrem Liebsten und nickte weinend.

„Ja, du hast recht. Ich kann nicht mehr. Ich fühle mich total überfordert. Aber nicht von der Diplomarbeit, du weißt, dass mir das lernen und schreiben nie besonders schwergefallen ist. Ich weiß nicht, wie ich es ausdrücken soll. Nicht die Arbeit macht mir das Leben schwer, das Leben *ist* einfach schwer. Das Leben selber überfordert mich. Jede Selbstverständlichkeit ist verloren gegangen: morgens aufstehen und sich auf den Tag vorbereiten, sich mit Freunden verabreden, Hausarbeiten. Die Tätigkeiten, über die ich früher gar nicht nachgedacht habe, müssen jetzt erst stundenlang überdacht werden, bis ich mich daran begebe. Oder ich mache es gar nicht. Wenn du mir nicht so viel abgenommen hättest, würde unsere Wohnung verkommen!"

Nun weinte Emma wieder stärker, zum ersten Mal hatte sie ihre ganze Hoffnungslosigkeit ausgesprochen und erschrak über ihren eigenen Seelenzustand.

Johann nickte traurig. Er stand auf und holte ein Taschentuch aus dem Bad, das er Emma reichte, die es dankbar annahm. Geräuschvoll schnäuzte sie sich, was ein kleines Lächeln auf ihr Gesicht zauberte. Verlegen sagte sie:

„Ich schäme mich sehr, mich vor dir so gehen zu lassen."

„Emma!" rief Johann entsetzt aus. „Du bist meine Frau! Ich möchte dich so erleben, wie du bist, und nicht so, wie du glaubst, vor mir sein zu müssen! Wir haben uns doch versprochen: in guten wie in schlechten Tagen. Und nun hast du eine schlechte Zeit. Gemeinsam werden wir das schaffen, glaube mir."

Um seinen Worten mehr Ausdruck zu verleihen, zog er Emma wieder fester an sich heran und drückte ihr einen Kuss auf den Hals.

„Ich hätte dich auch schon früher darauf ansprechen können. Irgendwie habe ich gespürt, dass es mehr als der berufliche Stress ist, der dich so belastet. Vermutlich habe ich es aber weggedrängt. Emma, ich weiß, dass es früher Verstimmungszustände in deinem Leben gab. Ist es schon einmal so schlimm gewesen?"

Sie rückte ein kleines Stück von ihm ab, das Taschentuch in der Hand so zerknüllt, als balle sie eine Faust damit. Ihre bernsteinfarbenen Augen waren durch die Tränen einer unendlichen Tiefe, wie Johann feststellte. Vielleicht liebte er seine Frau in diesem Moment so sehr wie nie zuvor. Sein Herz schmerzte beim Anblick ihrer Leiden, die ihr so deutlich ins Gesicht geschrieben waren.

„Ja", sagte Emma nachdenklich. Ihre Augen schauten nach rechts oben, so wie sie es tun, wenn man eine Erinnerung sucht.

„Ich war siebzehn oder nein, ich war gerade noch sechzehn. Die Sommerferien standen vor der Tür. Anstatt mich mit meinen Freundinnen drauf zu freuen, war ich einfach nur noch traurig. Überhaupt war damals, so wie jetzt auch, Lebensfreude zu einem abstrakten Begriff entartet. Ich erinnere mich noch gut an die Zeit, sie war ähnlich wie heute, hm, vielleicht doch weniger intensiv und verging nach einigen Monaten von selbst. Ich war sehr unglücklich."

Ihrer Erinnerung nachhängend schwieg Emma einige Minuten. Fröstelnd strich sie sich über die Oberschenkel. Johann holte die zusammengelegte Wolldecke von dem dem Sofa gegenüberstehenden Sessel und breitete sie fürsorglich über Emma aus. Ihr gelang ein schiefes Lächeln.

„Du bist so lieb, Johann."

„Das bist du doch auch. Nun lass uns überlegen, wie wir dir am besten helfen können. Dir ist klar, dass du eine Depression hast?"

Emma schaute auf den Boden, als sei sie bei etwas erwischt worden.

„Depression! Das klingt so, ach, ich weiß nicht. Eine psychische Erkrankung? Es fällt mir schwer, das anzunehmen."

„Warum nicht? Der Mensch besteht doch nicht nur aus Körper, sondern auch aus Geist und Seele. Wenn die eine der drei Komponenten, der Körper, krank wird, dann ist es für uns kein Problem. Wir gehen zum Arzt, wir gönnen uns Ruhe, wir nehmen Medikamente. Warum ist es ein Problem, wenn Geist oder Seele erkranken?"

Emma zauderte.

„Du hast ja recht. Es fällt mir dennoch schwerer zu sagen, ich bin depressiv als, sagen wir mal, zu erzählen: ich habe Mumps."

Nun mussten beide lachen. Erleichtert betrachtete Johann seine Frau.

„Ich freue mich so sehr, dass du noch lachen kannst."

Er machte eine gespielt ernste Miene und imitierte die sonore Stimme ihres Hausarztes.

„Ich würde sagen, es ist noch nicht hoffnungslos."

Emma lachte wieder und kuschelte sich an Johann.

„Nun, wo es einmal ausgesprochen ist, schöpfe ich wirklich wieder Hoffnung. Ach Johann, ich hätte mich dir schon viel eher anvertrauen sollen."

„Du dachtest, es wird von alleine vergehen, stimmt's?"

„Wie gut du mich doch kennst!"

Zwei Tage später saß Emma nervös im Wartezimmer von Doktor Weber. Der Internist hatte schon immer ihre Eltern medizinisch betreut und als Emma dem Alter entwachsen war, in dem sie bei Krankheit einen Kinderarzt konsultierte, ging auch sie zu ihm. Nach Aufforderung der Arzthelferin ging sie in das Sprechzimmer Nummer zwei und wartete. Nur wenige Minuten später kam Doktor Weber herein. Schwungvoll betrat der kleine Mann den Raum und füllte ihn trotz seiner dünnen Statur komplett durch sein charismatisches Wesen aus. Eine winzige Lesebrille auf der äußersten Spitze seiner Nase und die wenigen grauen Haare, die in alle Richtungen abstanden bildeten eine erstaunlich harmonische Einheit mit dem weißen Kittel, den er aus unerfindlichen Gründen immer eine Nummer zu groß trug. Er gab Emma die Hand und setzte sich hinter den Schreibtisch ihr gegenüber.

„Meine liebe Emma, wie schön, sie zu sehen. Nein, nicht schön, wenn sie hier sind, geht es ihnen ja nicht gut. Haha!"

Amüsiert über seine Worte lachte der Arzt und klopfte sich vergnügt mit der rechten Hand auf den Oberschenkel, um gleich darauf sachlich und ernst zu fragen:

„Was führt sie zu mir?"

Emma atmete tief ein. Sie schilderte ihre Beschwerden, wie sich die Verstimmung immer weiter in ihr ausgebreitet hatte, dass sie müde und doch schlaflos sei und Angst habe, das Gefühl von Leichtigkeit und Lebensfreude nicht mehr empfinden zu können.

„Außerdem", sagte sie. „Schreibe ich zur Zeit meine Diplomarbeit. Das heißt, gerade jetzt müsste ich konzentriert und fit arbeiten können. Das gelingt mir an manchen Tagen kaum noch, ich arbeite nicht effektiv und bin danach erschöpft, als hätte ich zwölf Stunden auf einem Bau gearbeitet. Todmüde falle ich ins Bett, doch die quälenden Gedanken, wie es weitergehen soll, ja, sogar wie ich den nächsten Tag überstehen soll, lassen mich nicht schlafen."

Einfühlsam und mit viel Ruhe fragte Doktor Weber Emma noch gezielt nach einigen Details. Seine Lesebrille hatte er inzwischen abgenommen und drehte den Brillenbügel in den Händen hin und her. Mit seinen dunklen Augen schaute er Emma verständnisvoll an und sagte schließlich:

„Ihre Vermutung ist richtig. Es handelt sich um eine Depression. Es gibt drei Ausprägungsgrade davon, eine leichte Episode, die der Betroffene oft noch vor seiner Umwelt verbergen kann, wobei es ihm aber nicht gut geht. Bei der schweren Episode ist der Patient komplett aus dem normalen Leben entkoppelt. Er lebt und fühlt nicht mehr wie ein gesunder Mensch, nicht mal mehr ansatzweise. Alles fällt so schwer, dass möglicherweise sogar die Körperhygiene vernachlässigt wird. Oh, diese Menschen sind sehr, sehr krank. In der Mitte, in der mittelschweren Episode, sind sie jetzt. Es ist gut, dass sie zu mir gekommen sind, bevor es noch schlimmer wird."

„Am Anfang dachte ich, es wird schon vergehen, Jeder hat ja mal eine schlechtere Zeit. Aber irgendwie gelingt es mir nicht, Einfluss darauf zu nehmen."

„Ja, hier grenzt sich die Depression von einer schlechten Laune ab. Sie entzieht sich nämlich der Kontrolle durch den Verstand. Es ist unmöglich, sich zusammenzureißen, das macht es pathologisch. Manchmal verstehen die Angehörigen es nicht, denn wenn der Partner immer gesund war, steht die Familie dieser Veränderung, die eine Depression mit sich bringt, machtlos und oft auch verständnislos gegenüber."

Emma lächelte dankbar bei dem Gedanken an Johann.

„Mein Mann versteht es auch nicht. Ich verstehe mich selbst nicht, wie könnte er es tun? Er kann es nicht nachvollziehen, aber er ist einfach für mich da und tut alles, damit ich mich gut fühle."

„Was für ein Mann!" lachte Doktor Weber. Er wurde gleich wieder ernst.

„Unterstützung vom Partner ist sehr wertvoll und wichtig. Der erste Schritt zur Genesung sozusagen. Aber das reicht nicht. Ich werde ihnen ein Medikament verschreiben."

„Muss das sein? Ich habe großen Respekt vor Medikamenten, die die Psyche beeinflussen."

„Zu Recht, meine Liebe." Der Arzt nahm Emmas Bedenken ernst und erklärte ihr ausführlich seine Gründe für die Medikation.

„Sie befinden sich in einer Stresssituation, möglicherweise ist das auch der Impuls gewesen, der die Depression ausgelöst hat, auch wenn es ihnen nicht so bewusst war. Auch ich möchte nicht, dass sie nun immer ein Antidepressivum einnehmen. Ich halte es aber für sinnvoll, ein Präparat mit einem günstigen Nebenwirkungsprofil einzusetzen. Mit Abgabe ihrer Diplomarbeit beginnen wir, es langsam ausschleichen zu lassen."

Trotz eines unguten Bauchgefühls stimmte Emma dem Arzt zu. Sie wusste, dass sie so nicht weiterleben wollte. Eine psychologische Behandlung hielt Herr Weber für nicht notwendig, da er Emmas Familie schon lange kannte und wusste, es lagen keine tiefen Traumata oder Schwierigkeiten vor.

Emma löste in der unter der Arztpraxis liegenden Apotheke ihr Rezept ein und fuhr nach Hause. Am kommenden Tag begann sie mit der Einnahme des Mittels. Kaum hatte sie die Tablette geschluckt, fragte Johann:

„Und, merkst du schon was?"

„Du Witzbold!" Emma verdrehte die Augen. „So schnell geht das nicht. Leider kann es sogar bis zu drei Wochen dauern, bis das Medikament seine vollständige Wirkung erreicht."

Sie seufzte. Andererseits hatte sie sich nun so lange gequält, die Aussicht auf Besserung machte ihr das Herz schon etwas leichter. Leider nur einige Tage lang. Emma litt so stark unter den Nebenwirkungen der Tabletten, dass sie noch einmal ihren Arzt aufsuchen musste. Nach langem Zögern verschrieb er Emma ein hoch konzentriertes Johanniskrautpräparat.

Die beobachtende Emma sah sich abermals in der Apotheke, das Rezept einlösend. Plötzlich war ihr klar, dass sie die chemischen Tabletten vielleicht sogar vertragen hätte, sie mental aber abgelehnt hatte. Ihr Körper hatte ihre Einstellung zu den Antidepressiva

wieder gespiegelt. Sie konnte den Widerwillen gegen das allopathische Medikament regelrecht fühlen.
'Vielleicht gibt es Menschen, für die ein solches Mittel die Rettung ist. Für mich war es zu stark und intuitiv habe ich das in dem Moment gewusst, als ich die Praxis mit dem Rezept in der Hand verließ.'

In den kommenden Wochen ging es Emma allmählich besser, sie fand sich wieder im Alltag zurecht, nach und nach kehrte ihr fröhliches Lachen zurück und sie beendete ihre Diplomarbeit. Das Johanniskraut hatte geholfen, um sie vor dem ganz tiefen seelischen Absturz zu bewahren.
Im Laufe ihres Lebens gab es immer wieder Verstimmungszustände und meistens waren sie eher leichter Natur, so dass Emma alleine darüber hinweg kam. In der Zeit nach Evas Tod benötigte sie zwei Jahre lang starke Antidepressiva. Zu diesem Zeitpunkt ging es ihr so schlecht, dass ihr auch die Nebenwirkungen, die sich nach einem Mittelwechsel reduziert hatten, egal waren. Auch nach Johanns Tod nahm sie Medikamente, die ihr, wie sie später erkannte, das Leben gerettet hatten.

Mit liebevoller Gelassenheit konnte die beobachtende Emma den Schmerz und Kampf wahrnehmen, der sie im Leben so oft vereinnahmt hatte. Was für eine unglaubliche Last hatte auf ihren Schultern gelegen, nicht eingeladen und doch durch eine Hintertür immer wieder wie ein ungebetener Gast zum unpassendsten Moment hereinspaziert! Sie war erfüllt voller Liebe zu der Frau, die sie gewesen war. Diese Emotionen umhüllten sie wie ein wärmender Mantel, während sie sich wieder von ihrer beobachtenden Position löste und von unsichtbaren Mächten durch den Raum getragen wurde. Von Licht umgeben und mit ihm angefüllt kehrte ihr Bewusstsein zurück. Sie fühlte sich wie in grüne Farbe eingetaucht, wobei die Farbe in Licht und Wärme allumfassend war. Wo war sie? Es dauerte eine Weile, bis sie das Bild erfassen konnte, das sich tief unter ihren Füßen erstreckte. Emma saß auf einer kleinen hölzernen Bank vor einem Baumhaus in mindestens zehn Metern Höhe. Sie blickte auf den dichten Regenwald, der sich in unendlichen Weiten bis zum Horizont erstreckte. Das satte Grün der Bäume und Pflanzen war so beeindruckend, dass sie es nicht nur sehen, sondern ganz tief in sich spüren konnte. Unzählige Grüntöne dominierten das Bild, ergänzt durch Tierlaute in unterschiedlichen Lautstärken und Frequenzen.

„Es ist wunderschön, nicht wahr?"

Infinitus! Natürlich war er auch da.

„Ich grüße dich, mein Freund. Ja, mir fehlen die Worte."

Eine Weile genossen die Beiden die Sonne, die sie auf der Haut wärmte und die Natur, die ihre Herzen berührte.

Emma war die erste, die zu sprechen begann.

„Infinitus, ich war in einer Lebenssituation, die mit Depressionen zu tun hatte."

„Ich weiß."

„Natürlich."

Ein Papageienschrei übertönte Emma. Sie lachte.

„Oh, ich war so oft traurig. Wie kann das sein? Warum hat ein Mensch solche Stimmungen? Sie machen das Leben so unfassbar schwer und sind so unnötig!"

„Nichts ist unnötig. Aber du hast recht, sie machen das Leben sehr schwer. Die Depression selbst sucht die Menschen immer häufiger heim, da sie den Blick auf das Wesentliche aus den Augen verlieren."

Emma strich sanft mit der Hand über die Sitzplatte der Bank. Das Holz fühlte sich warm und glatt an.

„Das Wesentliche ist die Zusammenfassung aller Lektionen, die ich mit dir durchlaufe, nicht wahr?"

„Ja. Daher ist es auch nicht Thema der heutigen Lehre."

Emma war erstaunt.

„Okay! Dann muss ich leider passen. Diese Verstimmungszustände, unter denen ich litt, beinhalten doch alle möglichen Botschaften."

„So wie jede Lebenssituation und jede Erkrankung und jeder Tag. Ja. Erinnere dich zum Beispiel an die Momente, wenn du schlafen wolltest."

„Ich konnte nicht einschlafen, da die Gedanken im Kopf kreisten. Unkontrolliert füllen sie mich aus, sie tobten in meinem Schädel herum, ohne ein Resultat zu bringen, so wie es eine rationale Überlegung tut."

Infinitus nickte und legte einladend einen Arm um Emma, die sich an die freundschaftliche Schulter anlehnte.

„Und wie hast du dich dann gefühlt?" fragte er.

„Schlecht. Ich habe mich sehr schlecht gefühlt."

„Warum?"

Emma überlegte.

„Vermutlich deshalb, da die Gedanken immer negativer Natur waren. Wenn du depressiv bist, fällt es dir unglaublich schwer, optimistisch zu denken. Aber du schaffst es auch nicht, das Denken zu unterbrechen oder dich abzulenken. Es ist, als seiest du fremdbestimmt."

Infinitus freute sich über die Erkenntnis seiner Freundin.

„Genau so ist es. Es ist toll, wie du ausdrücken kannst, was ich meine. Die Gedanken sind unser heutiges Thema. Der Mensch denkt zu viel!"

„Haha!" lachte Emma mit einem ironischen Unterton.

„Das entzieht sich doch der Kontrolle. Wie könnte ein Mensch *nicht* denken! Obwohl..."

Emma stutzte. Natürlich erinnerte sie sich an Momente, in denen sie in den wahrsten Wortsinn gedankenlos gewesen war.

„Infinitus, wenn ich eine besonders schöne Melodie gehört habe, zum Beispiel von Bach die Suite Air, dann konnte ich einfach nur zuhören. In diesen Augenblicken habe ich nicht gedacht!"

Infinitus lachte.

„Glücklicherweise hast du ab und zu die Erfahrung gemacht, dass es also möglich ist. Sicher fallen dir noch mehr Situationen ein, in denen du einfach nur da warst, ohne zu denken."

„Ja, wenn ich unseren Kater gekrault habe. Dann konnte ich jedes kleine Härchen in seinem Gesicht wahrnehmen und seinem Schnurren lauschen, ohne es gedanklich zu bewerten oder beschreiben. Das war wie Meditation."

Bei der Erinnerung an den Kater lächelte Emma.

„Ich glaube, der hat niemals gedacht, er hat einfach gelebt und die schönen Augenblicke genossen. Kein Wunder, dass Johann ihn immer unseren kleinen Buddha genannt hat!"

Ein Rauschen ließ Infinitus und Emma in ihrer Unterhaltung innehalten. Es war der nachmittägliche Regenschauer, der sich wolkenbruchartig über dem Wald ergoss. Das Plätschern war wie ein Lied, welches die Musik des Waldes spielte. Versunken lauschten die Beiden, sich dem Klang und Anblick der Natur hingebend. Der Regen erreichte sie nicht, da das Baumhaus, vor dem sie saßen, eine Art Vordach aus dichten Zweigen hatte.

„Genau das meintest du, nicht wahr?" fragte Emma und unterbrach ihr Schweigen.

„Das meinte ich. Einfach nur sein. Fühlen, erleben und sein, ohne zu denken."

„Kein Mensch kann leben, ohne zu denken. Wie soll er

seinen Schulabschluss machen, seinen Wohnraum gestalten, den Kühlschrank füllen oder eine Reise planen?"

Infinitus hielt seine Hand unter ein Blatt und fing das Wasser auf, das herunter tropfte.

„Denken gehört natürlich zum Leben dazu. Wir haben das Thema ja bereits beim Leben im gegenwärtigen Augenblick behandelt, weil die unnötigen Gedanken selten das Hier und Jetzt behandeln. Die Menschen unterscheiden nicht mehr zwischen notwendigem Denken und überflüssiger Gedankenlast. Was glaubst du, wie viel Prozent der Gedanken unnötig sind?"

Emma tippte mit ihrer Fußspitze auf den Boden.

„Das weiß ich nicht. Keine Ahnung, die Hälfte?"

„Viel mehr. Die meisten der Gedanken haben nichts mit Planung und Alltagsführung zu tun. Sie kreisen um Vergangenheit und Zukunft und interpretieren, was das Zeug hält, als sei es ein Spiel, bei dem ein Gedanke den anderen übertrumpfen möchte. Erinnere dich: bei einer Autofahrt, beim Spazierengehen, ja selbst beim Fernsehen, hast du da produktiv gedacht?"

Emma überlegte und kam zu dem Schluss:

„Nein, produktiv waren in der Tat wenige Gedanken. Wenn ich einen Einkaufzettel machte oder schaute, wie lange ich am folgenden Tag Vorlesung haben werde. Ansonsten habe ich darüber nachgedacht, was ich erlebt hatte, was jemand gesagt hatte, wie er es gemeint haben könnte, oder warum die Welt so schlecht ist. Spazierengehen ist ein gutes Beispiel. Ich bin sehr gerne gegangen, habe es aber nicht geschafft, einfach *nur* zu gehen. Dabei ist mir alles Mögliche durch den Kopf gegangen. Mein Kopf und ich, wir sind quasi zusammen gegangen!" Sie lachte.

Infinitus fiel in ihr Lachen ein. Beide fühlten den Worten Emmas nach, bevor diese das Gespräch wieder aufnahm.

128

„Warum hast du das Thema unnötige Gedanken mit meinen depressiven Verstimmungen verknüpft, Infinitus?" fragte sie.

„Es ist ein gutes Beispiel. In einer Depression eskaliert der Hang zu destruktiven Gedanken bis zur Perversion. Im Kopf der erkrankten Person ist jeder und alles schlecht, die Vergangenheit wird bösartig ausgeschlachtet und interpretiert, die Zukunft unlogisch in den düstersten Farben ausgemalt. Die Gedanken werden zu einem Manipulator, der nicht sichtbar und greifbar ist und das Leben zerstören kann. Eigentlich sind Gedanken wie ein kleiner Hund, der dir hinterherläuft und um Aufmerksamkeit bettelt. Und wenn Du ihn nicht beachtest, beisst er sich am Hosenbein fest."

Emma verstand.

„Die Menschen verwechseln sein mit denken, oder? So wie Descartes, der glaubte: 'Ich denke, also bin ich!'"

„Ja, das Denken ist aber nicht das Sein, es kann sich nur als ein kleiner Teil dessen darstellen, der überschätzt wird. Wer über seinen so genannten Verstand herzhaft lachen kann, der hat schon viel gewonnen."

„Kinder können sehr gut einfach nur sein. Sie versinken so im Spiel, dass sie nicht mehr wahrnehmen, was um sie herum geschieht."

„Genau. Schlaue Menschen haben diesen Zustand als 'flow' bezeichnet. Dabei ist es das ursprünglichste Sein überhaupt. Es bedarf weder einer besonderen Bezeichnung noch einer Definition."

„Es klingt so einfach. Ich habe es im Leben aber als sehr schwierig empfunden. Wie soll ein Mensch Gedanken abschalten? Eigentlich habe ich es mir nie bewusst gemacht, aber es war wie ein Zwang. Die Gedanken sind einfach da gewesen und ich konnte sie nicht abschalten. Ich meine, es gibt dieses klassische Beispiel, nicht an einen blauen Elefanten zu denken. Er wird einem gerade dann vor dem inneren Auge erscheinen."

Infinitus grinste.

„Blaue Elefanten! Ach, die lustigen Menschen!" Er wurde wieder ernst.

„Ich sage nicht, dass die Gedanken ausgeschaltet werden sollen. Sie müssen einfach ihre Diktatur verlieren und die Macht abgeben. Es ist eine gute Möglichkeit, die Gedanken einfach zu beobachten. Im Laufe der Zeit wird aus dieser Übung immer mehr Gedankenlosigkeit. Wer seine Gedanken beobachtet und sie vorüberziehen lassen kann, ohne ihnen zu viel Beachtung zu schenken, der lebt gelassener und glücklicher."

Emma nickte.

„Das kann ich gut nachvollziehen. Schade, dass Gedanken so viele Momente zerstören, indem sie ihnen Stempel von Urteilen und Bewertungen aufdrücken. Aber was ist mit optimistischer Mentalkraft? Mit positivem Denken?"

„Netter Versuch", lächelte Infinitus. „Nun, sicher sind diese Hilfsmittel für manche Menschen notwendig, um sich der negativen Abwärtsspirale der pessimistischen Gedanken zu entziehen. Dennoch sind auch sie nur geistige Krücken im Gang durch das Leben. Frei ist der, der weder negative noch positive Gedanken braucht. Der im richtigen Moment loslassen und Gedankenleere erfahren kann. Das ist der Augenblick, in dem der Mensch intuitiv handelt. Die größten Erfindungen und Werke sind dann entstanden, wenn der Kopf frei und dadurch kreativ sein konnte. Bedeutende Menschen haben dies immer wieder bestätigt. Sie konnten die Lösung von Aufgaben und Problemen dann finden, wenn sie aufhörten, darüber nach zu grübeln und losgelassen haben. Sicher hast Du dazu schon Zitate, zum Beispiel von Albert Einstein, gelesen, der die Phantasie für

130

wichtiger als das Wissen hielt."
Infinitus erhob sich von der schmalen Holzbank und streckte seine rechte Hand über die Baumkronen hinweg in Richtung des Himmels. Er schrieb:

Gedankenleere ist immer intuitiv und kreativ.
Gedankenleere. Ist immer intuitiv und kreativ.
Gedankenleere ist. Immer intuitiv und kreativ.
Gedankenleere ist immer. Intuitiv und kreativ.

„Ach", seufzte Emma tief. „Hätte ich mir das im Leben bewusst gemacht, so vieles wäre einfacher gewesen."
Infinitus konnte nur zustimmend nicken. Beim Blick zu ihren Füßen stellte Emma fest, dass der Balken unter ihr zu verschwimmen begann. Angstfrei gab sie sich der Auflösung hin, wissend, dass sie gleich wieder unterwegs in ihr altes Leben sein würde.

11.

Sich der Schwerelosigkeit hingebend freute Emma sich auf ihre nächste Begegnung mit der Vergangenheit. Ihr Sein war zu einem Abenteuer geworden, in dem sie einerseits die Hauptrolle spielte und andererseits nur Zuschauer war. Obwohl sie alle Emotionen um ein Vielfaches stärker wahrnehmen konnte, als sie es früher getan hatte, konnten diese Gefühle eine starke innere Ruhe, die sich in ihr angesiedelt hatte, nicht erschüttern. Dabei fand alles ohne jegliches Gespür für Raum und Zeit statt. So auch jetzt, als sie sich wieder in einer Lebenssituation fand, in der sie ungefähr 28 Jahre alt war.

Sie sah sich in ihrem Büro am Schreibtisch. Fingerfertig tippte sie einen Text in den Computer und nippte zwischendurch an dem Tee, den Birgit morgens gekocht und in eine Thermoskanne gefüllt hatte.
„Hm, schmeckt nach Mandarine", sagte sie und leckte sich zur Bestärkung ihrer Worte mit Blick auf die Kollegin über die Lippe.
„Es gibt wirklich alle Geschmacksrichtungen", antwortete Birgit. „Es war eine gute Idee von dir, den

Kaffee durch Tee zu ersetzten. Manchmal hatte ich nachmittags wirklich einen Koffeinrausch!"

Gemeinsam tranken sie seit einigen Wochen nur noch Tee im Büro, wobei sie sich bei der morgendlichen Zubereitung abwechselten.

Kaum hatte es an der Tür geklopft, trat bereits aus dem Nebenraum ihre Kollegin Margret ein, bevor Emma oder Birgit überhaupt 'Herein' hatten sagen können.

„Hey", sagte Birgit mit scherzhaftem Unterton.

„Du bist aber schnell. Wie sollen wir Zeit genug haben, die Spiele am PC zu schließen?"

Margret lachte.

„Ausgerechnet ihr beide. Der Ruf als Arbeitstierchen eilt euch doch voraus! Da mache ich mir keine Sorgen." Sie wendete sich an Emma.

„Kannst du bitte mit mir diesen Brief durchgehen? Ich bin mir unsicher, ob die Fristen richtig gesetzt sind."

Emma war wie immer hilfsbereit und befasste sich sofort mit dem Schreiben, nachdem sie ihr noch unfertiges Dokument am Computer abgespeichert hatte.

Als Margret den Raum verlassen hatte, sagte Emma zu Birgit.

„Margret ist ganz nett, oder?"

„Schon. Trotzdem ist sie nicht der Typ, mit dem ich ein Bier trinken gehen würde. Ich kann es aber nicht begründen, sie war nie unfreundlich zu mir oder so."

Emma strich sich nachdenklich eine Strähne hinter das Ohr.

„Komisch, dass du das sagst. Ich sehe es genau so. Nun ja, man kann nicht mit jedem Menschen auf der gleichen Wellenlänge liegen, wenn er auch noch so nett ist."

„Genau, du Arbeitstierchen." Beide lachten.

Wenige Stunden später griff Emma gerade nach ihrem Blazer, um ihn sich für die Mittagspause anzuziehen, als es zaghaft an der Tür klopfte.

Es war Hajo, ein netter Kollege aus der technischen Abteilung, mit dem Emma sich im Laufe der Jahre angefreundet hatte. Er hätte den Raum niemals betreten, bevor jemand 'Herein' gerufen hat. Hajo war ein schüchterner junger Mann, der Emma als Gesprächspartnerin und Ratgeberin sehr zu schätzen wusste.

„Bist du schon zum Essen verabredet?" fragte er verlegen.

„Nein. Ich wollte mir nur etwas Kleines holen. Aber sehr gerne können wir zusammen gehen. Komm."

Hajo lächelte und hielt Emma die Tür auf. Sie überlegte kurz.

„Weißt du was, lass uns ins Chapeau Noir fahren. Seit dieser Woche bieten sie frischen Flammkuchen an."

Emma spürte das Zögern von Hajo und schaute ihn fragend an. Er errötete leicht.

„Sehr gern. Ist es nicht zu weit? Wir haben doch nur eine Stunde."

„Ach was", winkte Emma seine Bedenken beiseite. „Es sei denn, du hast nach der Arbeit etwas vor und musst Punkt fünf den Stift fallen lassen. Sonst schlage ich vor, wir machen die Pause eine halbe Stunde länger und hängen diese später an. Okay?"

Die Erleichterung stand Hajo ins Gesicht geschrieben. Obwohl er mit Emma befreundet war, fiel es ihm schwer, sie um eine gemeinsame Mittagspause zu bitten. Emma wusste, dass er etwas auf dem Herzen hatte, weshalb sie gerne bereit war, mit ihm in das nur zehn Autominuten entfernte Café-Bistro zu fahren. Strahlend lief Hajo neben ihr her.

„Ich fahre", entschied er und zeigte mit der rechten Hand in die Richtung, in der sein Auto auf dem firmeneigenen Platz geparkt war. „Wir müssen hier lang."

Während der kurzen Fahrt sprachen sie nicht viel. Emma betrachtete Hajo aus dem Augenwinkel heraus. So scheu und still er war, so souverän lenkte er sein Auto durch die schmalen Straßen der Kleinstadt. Er fuhr einen bescheidenen Wagen, der keine besondere Ausstattung hatte. Dennoch wusste Emma, dass Autos seine heimliche Leidenschaft waren und er während der Formel-1 Saison kein Rennen verpasste.

„Da sind wir", unterbrach Hajo ihre Gedanken. „Hoffentlich bekommen wir noch einen Platz, es scheint wieder viel Betrieb zu sein."

Optimistisch betraten sie das Chapeau noir. Alle Tische waren besetzt. Die Menschenstimmen verschmolzen im Raum zu einem Summen, als sei ein Hummelschwarm unterwegs.

„Hallo", rief die Chefin Ulrike ihnen aus dem hintersten Winkel zu und winkte sie heran. Gerade erhoben sich zwei Frauen und ein Mann von diesem Tisch.

„Möchtet ihr hier sitzen? Ich räume schnell ab und bringe neue Gedecke." Eifrig sammelte Ulrike das Geschirr zusammen, Emma und Hajo nahmen die Plätze dankbar an und setzten sich. Sie warteten, bis sie ihre Bestellung aufgeben konnten und entschieden sich beide für den hausgemachten Flammkuchen, Emma mit einem stillen Wasser und Hajo mit einem alkoholfreien Bier.

„Kommt sofort", nahm Ulrike ihre Wünsche auf und eilte davon.

„Sie ist wie ein kleiner Sturm", lachte Emma.

Hajo nickte zustimmend und sah Emma erwartungsvoll an. „Nun los", ermunterte sie ihn. „Was gibt es denn so Wichtiges zu besprechen?"

Hajo wackelte verlegen mit dem Kopf hin und her.

„Ach, ob es so wichtig ist, weiß ich nicht. Ich habe dir doch von Bärbel erzählt."

Emma wurde neugierig. Bärbel war die Frau, mit der

Hajo sich seit einiger Zeit traf und in die er verliebt schien.

„Natürlich erinnere ich mich. Und", neckte sie ihn. „Geht da was?"

Hajo seufzte.

„Von mir aus ginge gerne was. Bei jeder Verabredung hatte ich mehr Schmetterlinge im Bauch."

„Klingt doch prima. Habt ihr darüber gesprochen?"

„Nein. Und prima ist es auch nicht mehr. Wir waren Eis essen, dann im Kino. Ich bin mit ihr spazieren gegangen und habe sie ins Theater eingeladen. Es schien ihr zu gefallen, dass ich mit ihr Kleidung einkaufen ging und stundenlang vor der Umkleidekabine gewartet habe, wenn sie etwas anprobierte. Sie klang begeistert, als sie sagte, Männer würden das normalerweise nicht gerne tun. Mir hat es aber wirklich Freude gemacht, denn sie sah jedes Mal wunderschön aus, wenn sie mir etwas vorführte."

Er sah Emma an, seine großen, dunkelbraunen Augen spiegelten eine Traurigkeit wider, die Emma wissen ließ, dass es kein Happy End gab.

Ulrike stellte ihnen schwungvoll ihre Teller mit je einer großen Portion Flammkuchen auf den Tisch.

„Guten Appetit, meine Lieben, lasst es euch schmecken."

Emma war hungrig, ihr lief das Wasser schon beim Anblick der leckeren Speise im Mund zusammen.

„Hm, vielen Dank. Es sieht köstlich aus."

Gemeinsam begannen sie zu essen, einige Minuten vergingen in genießerischem Schweigen. Glücklicherweise hatte Hajo seinen Appetit nicht verloren, denn er machte sich mit sichtlicher Begeisterung über seinen Flammkuchen her. Als er bemerkte, dass Emma ihn beobachtete, errötete er. Sie lachte.

„Lass es dir in Ruhe schmecken. Ich gebe zu, dass ich neugierig bin, wie deine Geschichte weitergeht. Ich meine, ich muss kein Gedankenleser sein, um zu spüren, dass irgendetwas passiert ist."

Hajo nickte zustimmend und nahm einen Schluck seines alkoholfreien Bieres. Immer wieder wunderte sich Emma über die Attraktivität dieses jungen Mannes, derer er sich überhaupt nicht bewusst war. Hajo war ein Jahr jünger als sie, er war groß und durchtrainiert. Mit einem außergewöhnlichen Talent für stilvolle Kleidung unterstrich er seine sportliche Figur. Die dunklen Augen waren umrandet von unglaublich langen Wimpern, um die ihn jede Frau beneidete. Er hatte ebenmäßige Gesichtszüge und die perfektesten Zähne, die Emma je bei einem Menschen gesehen hatte. Jede neue Praktikantin in seiner Abteilung verliebte sich Hals über Kopf in ihn, ohne das er es bemerkte. Lächelnd erinnerte sich Emma an eine Mitarbeiterin, die einmal seufzend über Hajo sagte:

„Was für ein Mann! Er sieht aus wie Brad Pitt mit schwarzen Augen."

Diese ganzen Schwärmereien nahm Hajo nicht wahr. Er war auf der Suche nach der großen Liebe und hatte einen Respekt vor den Gefühlen anderer Menschen, der es ihm verbot, zu flirten und Versprechungen zu wecken, die er nicht würde halten können. Emma wusste, dass in der Firma regelmäßig die Vermutung aufkam, Hajo sei schwul.

'Dabei ist er nur ein ganz besonderer Schatz', dachte sie und nippte an ihrem Wasser.

„Also", fuhr Hajo mit seiner Erzählung fort. „Nachdem ich mich regelmäßig mit Bärbel getroffen hatte, sagte sie mir auf einmal immer wieder unsere Verabredungen ab. Mal musste sie länger arbeiten, dann brauchte eine Freundin sie als Seelentrösterin, dann wieder war ihre

Mutter unangemeldet vorbeigekommen. Ich habe mir diese Entschuldigungen lange geduldig angehört, denke ich."

'Das hast du sicher', dachte Emma. 'Ich kenne außer Johann und dir nur sehr wenige Männer, die so geduldig sind.'

Hajo stützte seinen Kopf mit frustrierter Miene in die linke Hand und stocherte satt in den Resten seines Flammkuchens herum.

„Irgendwann habe ich sie gefragt, ob sie denn überhaupt noch Interesse daran hat, mich zu treffen. Sie war fair genug, sich mit mir zu einer Aussprache zu verabreden. Wir trafen uns abends bei Roberto in der Pizzeria, um zu essen und zu reden. Nachdem sie einige Zeit herumgedruckst hatte, meinte sie, aus uns könne leider nichts werden. Zuerst fand sie mich ja ganz süß- oh, Emma, sie hat süß gesagt, als sei ich ein kleines Kätzchen! Nun ja, dann war ich zu soft, ich habe nicht die Initiative ergriffen. Ich war wohl zu zurückhaltend und freundlich. Das gibt es doch gar nicht!"

Wütend legte Hajo seine Gabel auf den Teller.

„Erst heißt es, Frauen mögen jemanden, der auf sie eingeht und nichts überstürzt und dann wird es mir zum Vorwurf gemacht!"

Mitfühlend schaute Emma ihren Freund an. Sie konnte es nicht fassen, dass dieser Traummann, der Frauen so liebevoll und mit großem Respekt behandelte, immer an Partnerinnen geriet, die dies nicht zu schätzen wussten. Instinktiv griff sie über den Tisch und strich ihm tröstend über die Wange, die sich überraschend weich anfühlte.

„Ach Hajo", sagte sie. „Es geht nicht unbedingt darum, was Frauen mögen. Fakt ist, du bist so wie du bist und wenn du eine Beziehung langsam angehen möchtest, dann ist die Frau nicht die Richtige, die damit nicht klarkommt."

138

Hajo zog seine Stirn kraus.

„Du meinst, wir hätten keine Chance gehabt?"

„Die Vorstellungen von Bärbel und von dir waren ja schon darin unterschiedlich, wie eine Beziehung *beginnen* soll. Ich kann mir nicht vorstellen, wie ihr euch hättet annähern können."

Der junge Mann stützte sich seufzend auf seine Ellenbogen auf.

„Vielleicht hast du recht. Ich bin jedenfalls ganz schön traurig, ich hatte mich in Bärbel verliebt. Eigentlich ist es wie ein Schlag ins Gesicht, wenn du als Mann abserviert wirst, weil du sozusagen ein Weichei bist."

Emma musste lachen.

„Nein, es ist kein Schlag Hajo, Ich bin eine Frau und du kannst mir glauben, es ist ein Kompliment. Ich bin mir sicher, die Richtige, die dein Verhalten zu schätzen weiß, die wird noch kommen!"

Gemeinsam tranken sie den Espresso aus, den sie sich nach dem Essen bestellt hatten und baten Ulrike um die Rechung.

Auf der Rückfahrt in die Firma tauschten sie noch berufliche Neuigkeiten aus, bevor Emma sich im Flur vor ihrem Büro mit einem Wangenkuss von Hajo verabschiedete.

"Wir können auch gerne öfter mittags zusammen essen. Irgendwann erzählst du mir sicher, dass du die Traumfrau gefunden hast", sagte sie mit einem Augenzwinkern zu Hajo. Er lachte.

"Bestimmt. Vielen Dank für dein Zuhören. Bis bald."

Noch einmal zurückwinkend begab sich Hajo auf den Weg zu seinem Arbeitsplatz.

Bei einem gemeinsamen Spaziergang nach dem Abendessen erzählte Emma Johann die Geschichte von Hajo und seiner unerwiderten Liebe. Johann kannte den

Arbeitskollegen seiner Frau und hatte ihn in sein Herz geschlossen.

"Er ist ein lieber Kerl. Ich bin mir sicher, dass es eine nette Frau gibt, mit der er zusammenkommen und glücklich sein wird", sagte er überzeugt. "Aber Liebe kann man nicht erzwingen."

Johann blieb stehen und zog Emma an sich.

"Was bin ich doch für ein Glückspilz", murmelte er, bevor er Emma zärtlich küsste.

"Ich liebe dich!"

"Ich liebe dich auch", erwiderte sie und hörte ihr Herz lachen.

Ein milder Herbstwind wehte die ersten bunten Blätter von den Bäumen und die Dämmerung verriet, dass die Tage deutlich kürzer geworden waren. Verliebt schlenderten Emma und Johann nach Hause, wo sie den Tag bei einem Glas Federweißer ausklingen ließen.

Emma erkundigte sich einige Tage nach ihrem Mittagessen mit Hajo per Mail nach seiner Stimmung und bekam die erfreuliche Antwort, dass es ihm gut ging. In absehbarer Zeit würden sie sich treffen, Emma hatte jedoch viel zu tun und die Gedanken um ihren Freund traten in den Hintergrund. Umso überraschter war sie, als Birgit eines Morgens vorsichtig fragte:

"Emma, du warst doch neulich mit Hajo im Chapeau noir zum Mittagessen, oder?"

"Ja, klar, du hast doch gesehen, wie er mich hier abgeholt hat. Warum fragst du?"

Birgit druckste herum. Verlegen rieb sie die Hände aneinander und kratzte sich dann an der Wange.

Emma legte ihren Ordner zur Seite und betrachtete die Kollegin aufmerksam.

"So etwas nennt man Übersprungshandlung!"

"Hä?" Birgit war verwirrt.

Emma lächelte.

"Dein Spiel mit den Händen, das Kratzen im Gesicht. Das sind Übersprungshandlungen, Verlegenheitsgesten. Ich weiß also, es ist etwas im Busch! Rück schon mit der Sprache heraus, sonst hättest du mich gar nicht nach Hajo fragen brauchen!"

"Das stimmt."

Birgit zog ihren Stuhl zu Emma heran.

"Wir beide vertrauen uns und das was ich gehört habe, glaube ich sowieso nicht. Ich fühle mich aber verpflichtet, es dir zu sagen, weil ich es moralisch verwerflich finde, wenn Menschen hinter dem Rücken anderer reden."

Emma zog die Augenbrauen hoch.

"Meine Güte, Birgit. Das klingt aber förmlich! Sag mir doch einfach, was dich beschäftigt, es hat offensichtlich mit mir und Hajo zu..." Sie brach mitten im Satz ab und lehnte sich ruckartig auf ihrem Bürosessel zurück.

"Nein! Sag nicht, irgendjemand glaubt, mein Essen mit Hajo habe eine andere Bedeutung?"

Emma brach in herzhaftes Lachen aus, als Birgit zustimmend nickte.

"Nicht dein Ernst!"

"Ach, Süße", seufzte Birgit. "Ich bin froh, dass du darüber lachen kannst. Jeder, der dich einmal mit Johann gesehen hat, weiß, wie absurd die Unterstellung ist, du könnest eine Affäre haben."

Nun verging Emma das Lachen. Sie verschränkte die Arme vor dem Körper und zog ihre Stirn in Falten.

"Wer in Gottes Namen erzählt so etwas?" rätselte sie. Bei Birgits Antwort blieb ihr voller Verwunderung der Mund offenstehen.

"Margret hat dich mit ihm gesehen. Sie hat ihrer Kollegin Anna erzählt, du hast Hajo vertraut im Gesicht gestreichelt und vor deinem Büro geküsst."

Emma rang nach Luft.

"Ja! Das habe ich getan. Er war so traurig und ich habe ihn getröstet. Und wenn ich mit *dir* Essen gehe, verabschieden wir uns auch mit einem Wangenkuss voneinander, oder nicht?"

Birgit strich Emma versöhnlich über die Schultern.

"Emma, ich kenne dich. Ich weiß, dass es ein ganz normales Essen mit einem lieben Menschen war, der dir etwas bedeutet. Ich finde es auch nicht schlimm, wenn Margret das weitererzählt, was sie gesehen hat, wenn sie dabei ihre Ausschmückungen weglässt. Leider hat sie das Gespräch so begonnen, dass sie fragte, ob Anna wisse, wer hier im Haus eine Affäre hat. Und auf diese böswillige Unterstellung aufbauend hat sie dann ihre Beobachtungen zum Besten gegeben."

Emma war fassungslos. Sie schüttelte den Kopf.

"Woher weißt du es?"

"Zufall- wenn du an Zufälle glauben magst. Anna ist meine Nachbarin und wir plaudern abends öfter mal am Gartenzaun. Sie hat mich angesprochen, weil Margret offensichtlich schon mehrmals kleine Intrigen gesponnen hat und die Geschichte von dir und Hajo auch anderen erzählt. Ihr Gewissen hat es nicht zugelassen, dass sie es weiß und nichts unternimmt und sie fragte mich, ob ich nicht mit dir reden könnte. Nun ja", Birgit atmete tief durch. "Das habe ich hiermit getan."

"Ich glaube es nicht."

Emma hatte sich eine Tasse Tee eingeschenkt und schwang auf ihrem Bürosessel hin und her.

"Ich werde Margret zur Rede stellen."

Emma beendete ihre Arbeit einige Minuten früher, um Margret rechtzeitig vor deren Bürotür abzufangen. Sie konfrontierte sie mit den Gerüchten. Margret war uneinsichtig.

„Alles sah eindeutig aus. Wenn du nichts zu verbergen hast, brauchst du dich nicht so aufzuregen. Ich selbst wäre einfach vorsichtiger, wie ich mich in der Öffentlichkeit verhalte."

„Ja", erwiderte Emma. „Das musst du auch sein, denn wer so denkt und lebt wie du, muss ja damit rechnen, dass ein sensationslustiger Mensch hinter jeder Mauer steht, dich beobachtet und dann überlegt, wie er das Gesehene möglichst bösartig interpretieren kann. Ich brauche nicht darauf zu achten, was ich tue, denn es gibt nichts, was niemand wissen dürfte."

Sie fixierte Margret, die sie feindselig betrachtete.

„Getroffene Hunde bellen!"

Nach dieser Aussage war es Emma klar, dass Margret auf einem Niveau zu diskutieren versuchte, auf das sie sich nicht herab begeben brauchte.

„Oha, du bist ja eine psychologische Meisterin." Emma lächelte schief und sagte so ruhig wie möglich.

„Erzähl weiter, was du möchtest. Mir reicht es, wenn ich abends mit gutem Gewissen in den Spiegel schauen kann. Aber sprich mich niemals mehr an, wenn du Hilfe brauchst. Privat sowieso nicht und hier gehe bitte in Büro sieben zu Herbert, der mit meinen Vorgängen vertraut ist. Ich möchte mit dir nichts mehr zu tun haben."

Traurig und aufgewühlt fuhr Emma nach Hause, wo sie ungeduldig auf Johann wartete. Er tröstete Emma und erklärte voller Überzeugung:

„Margret ist sicher eifersüchtig, weil du mit dem attraktivsten Mann aus dem Büro befreundet bist. Mit *ihr* würde Hajo niemals essen gehen!"

Seine starken Arme und seine warmherzigen Worte taten Emma gut und sie beruhigte sich. Dennoch dauerte es einige Zeit, bis sie verarbeitet hatte, dass sie tatsächlich das Opfer übler Nachrede geworden war.

Die beobachtende Emma sah die Konturen der physischen Welt verschwimmen und wusste, dass die Lebenssituation, die ihr diesmal als Lehre gezeigt wurde, abgeschlossen war. Vertrauensvoll gab sie sich der Leichtigkeit des Seins hin und flog in einer regenbogenbunten Lichtspirale durch die Zeit. Sie freute sich auf Infinitus und war gespannt, wo er sie diesmal erwarten würde. Das erste, was sie wahrnahm, war ein lautes Geräusch, eine Art Rauschen oder Plätschern. Nachdem ihr Bewusstsein wieder von ihr Besitz genommen hatte, schärften sich alle Sinne und sie sah vor sich eine Art Wasservorhang, der unablässig nach unten fiel. Emma selbst saß auf einem Stein vor einer Sandsteinwand, die durch eine rötlich-braune Maserung ein interessantes Muster aufwies. Allmählich wurde ihr klar, dass sie zwischen einem Wasserfall und dem Abhang saß, der dem Wasser das Gefälle bot. Die Sonne ließ Strahlen durch das herabfallende Nass hindurch und blendete sie. Emma stand von ihrem Stein auf und ging zum rechten Rand des Wasserfalls, an dem eine üppige Vegetation begann und von wo aus ein Pfad sowohl nach unten als auch nach oben verlief. Von oben kam ihr ein strahlender Infinitus entgegen und streckte ihr die Hand hin.

„Sei gegrüßt, liebe Emma!"

Emma ergriff seine Hand und ließ sich auf den Pfad ziehen. Sie schaute nun seitlich auf den Wasserfall und bemerkte, dass sie nach nur wenigen Schritten einen Blick auf das gesamte Panorama werfen konnte.

„Guten Tag, Infinitus. Ich freue mich, dich zu sehen." Sie deutete auf das Wasser, das mit einer glänzenden Gischt in einen See einmündete. Die Tropfen zerbarsten in winzigste Atome, jedes für sich ein funkelnder Stern.

„Es ist wunderschön, Infinitus."

144

„Ja. Überall, wo die Elemente der Erde sich treffen, wird uns die Pracht der Schöpfung bewusst."

„Wie wahr!"

Emma war begeistert. Sie folgte Infinitus über den Pfad, der in der üppigen Wiese nur noch angedeutet war. In einer Entfernung, die ihnen einen Gesamteindruck der Szenerie ermöglichte, ließen sie sich auf dem warmen Gras nieder und genossen einige schweigende Minuten die Fülle der Schönheit, die das Naturschauspiel ihnen bot.

„Ich war bei meiner Arbeit, beziehungsweise betraf die erlebte Geschichte auch mein Privatleben."

Emma lachte und spielte mit den Fingern im Gras. Sie blinzelte in die Sonne und staunte über das sprühende Wasser. Es sah aus, als flögen unzählige winzige Diamanten durch die Luft.

„Warum erzähle ich dir das? Du weißt genau, welche Lebenssituation ich besucht habe, nicht wahr?"

Infinitus lächelte.

„Natürlich! Die böse Kollegin.... Wie hast du dich gefühlt?"

Lächelnd betrachtete er Emma und wartete geduldig, bis sie ihre Empfindungen in Worte fassen konnte.

„Wenn ich es auf den Punkt bringen soll, so kann ich sagen, ich war maßlos enttäuscht! Ja, das ist die richtige Bezeichnung. Wie kann ein Mensch so hinterlistig sein und bösartige Gerüchte verbreiten! Ich hatte den Eindruck, Margret genoss ihr vermeintliches Wissen. Sie wollte sich damit wichtigtun. Es ist schwer nachzuvollziehen, warum ein Mensch es nötig hat, sich mit Lügengeschichten zu profilieren."

Infinitus nickte verständnisvoll, wobei er die Augen aufmerksam auf Emma gerichtet hatte.

„Und das hat dich so enttäuscht, weil du nicht von Margret geglaubt hast, dass sie das tun könnte."

„Ich kann mir gar nicht vorstellen, dass überhaupt jemand dazu imstande ist, Infinitus. So eine Enttäuschung!"

Infinitus legte sanft seine Hand auf ihren Oberarm. Seine Wärme schickte eine wohltuende Energie durch Emmas ganzen Körper.

„Das ist unser Thema: die Enttäuschung."

Emma rieb sich ein kleines Blütenblatt von der Wange, das sich kitzelnd dort niedergelassen hatte.

„Enttäuschung ist schmerzhaft, sie macht traurig und wütend", sagte sie.

Infinitus zog die Stirn kraus.

„Das braucht sie nicht. Enttäuschung ist etwas sehr Positives. Sie nimmt dir eine Täuschung weg. Sie enttäuscht dich und bringt dich so der Wahrheit näher!"

„Einer bitteren Wahrheit!"

„Wahrheit ist nicht gut oder schlecht, nicht süß oder bitter. Sie ist. Alle Kategorisierungen bekommt sie erst durch deine Bewertung. Findest du es nicht erstrebenswerter, mit der Wahrheit zu leben als weiterhin einer Täuschung zu unterliegen?"

Zögernd wiegte Emma den Kopf hin und her. Obwohl sie fühlte, dass Infinitus recht hatte, fiel es ihr noch schwer, ihm vorbehaltlos zuzustimmen.

„Keiner möchte getäuscht werden, sicher. Aber ich kann doch nicht von vorneherein einplanen, dass mir solch unschöne Dinge passieren" wehrte sie sich.

„Du brauchst es nicht einplanen", erwiderte Infinitus. „Du brauchst es genau so wenig auszuschließen. Wenn du immer offen und ohne Wertung Menschen gegenübertrittst, so wirst du auch keiner Täuschung unterliegen, denn du hast dir vorher kein falsches Bild gemacht."

Emma seufzte.

„Ja, du hast ja recht. Also muss ich wieder in mir oder bei mir anfangen, um das Thema Ent-täuschung zu bearbeiten?"

„Du musst *immer* bei dir anfangen, Emma!" Infinitus lachte herzhaft. „Wo sonst?"

„Du meinst, eine Enttäuschung entsteht dadurch, dass ich selbst mir etwas vorgestellt habe, was nicht der Wahrheit entspricht!"

„Genau! Ich meine, eine Enttäuschung ist einfach das Resultat falscher Erwartungen."

Emma stand auf und ließ diese Wahrheit einige Minuten in sich wirken, bevor sie sich Infinitus zuwendete und anerkennend sagte:

„Oh, ja, ich verstehe es jetzt."

Infinitus erhob sich ebenfalls und begann mit seinem Finger in einem rostroten Farbton in die Luft zu schreiben, so dass die Worte vor dem Wasserfall tanzten:

Ent-täuschung bringt immer Wahrheit.
Ent-täuschung. Bringt immer Wahrheit.
Ent-täuschung bringt. Immer Wahrheit.
Ent-täuschung bringt immer. Wahrheit.

„Wenn man die Gesetze kennt, die dahinterstehen, ist man automatisch seltener enttäuscht", murmelte Emma.

„Und tritt doch einmal Enttäuschung ein, so solltest du dankbar für diese Enthüllung sein", fügte Infinitus hinzu. Er klatschte voller Freude in die Hände und sah Emma herausfordernd an:

„Bereit zur letzten Lektion?"

Emma schluckte und nickte.

„Ja, ich bin bereit!"

12.

Der Schriftzug „Enttäuschung enthüllt immer Wahrheit"
begann sich vor Emmas Augen aufzulösen und
vermengte sich mit der sprudelnden Gischt des
Wasserfalls, in der er verschwand. Aus dem Wasser, dem
Rauschen, der Sonne und dem Grün der Pflanzen wurde
eins und dieses Eine verband sich mit Emma. Sie fühlte
nur noch die allumfassende Einheit mit dem Sein und
ihre Seele begab sich auf eine Reise, die sie ein letztes
Mal in eine Situation aus ihrem physischen Leben führen
würde. Emma war gespannt. Sie hatte keine Angst, was
nach dieser letzten Lektion passieren würde.
Erwartungshaltungen und Ängste waren mit dem Eintritt
in die Dimension verschwunden, in der sie sich jetzt
befand. Sie spürte die Manifestationen um sich herum.
Plötzlich konnte sie sich beobachten, wie sie lesend auf
dem abgewetzten Wohnzimmersessel saß, den sie so
geliebt hatte. Gleichzeitig, als habe sie mehrere
Bildschirme vor Augen, konnte sie zwei Polizisten
beobachten, die sich ihrer Haustür näherten. Voller
Mitgefühl wusste sie, was nun auf die Emma zu kam, die
sie einmal gewesen war. In diesem Augenblick hörte sie
auch schon die Türklingel und sah sich nichtsahnend
aufschauen.

Emma erhob sich seufzend aus dem Sessel, in dem sie es sich gemütlich gemacht hatte und empfand das Klingeln an der Haustür als Störung. Wer könnte es sein? Sie erwartete keinen Besuch und Johann war mit dem Motorrad zu einem Freund unterwegs, um mit diesem das schöne Sonnenwetter zu einer Ausfahrt zu nutzen. Emma öffnete die Tür. Der Anblick zweier Streifenpolizisten verwirrte sie und für einen Moment war sie überzeugt davon, die Beamten haben sich in der Adresse geirrt.

„Frau Schreiber?" fragte der kleinere Polizist. Er wirkte unsicher und drehte seine Dienstmütze in den Händen hin und her.

„Ja?"

„Sind sie die Frau von Johann Schreiber?"

Wie mit einem Donnerschlag erkannte Emma, dass etwas Furchtbares passiert sein musste, etwas, das ihr Leben wieder einmal komplett aus seinen tiefsten Verankerungen lösen würde. Eine Feuersbrunst durchschlug ihren Magen und sie spürte, wie sie schwindelig wurde und den Halt verlor.

„Können wir hereinkommen?" hörte Emma den größeren Polizisten wie durch einen Nebel fragen. Wortlos trat sie zur Seite und ließ die zwei Männer durch den kleinen Flur in den Wohnbereich gehen.

„Es tut uns sehr leid, ihnen mitteilen zu müssen, dass ihr Mann einen Unfall hatte."

Eine bleiche Emma sank auf die Eckbank herab. Sie konnte nicht mehr denken. Wortfetzen erreichten ihr Gehirn, sie war unfähig, diese Worte ihrem Leben zuzuordnen. Die Polizisten sprachen von einem schweren Unfall, keine Chance, ganz schnell, nicht gelitten, unschuldig. Emma fühlte sich wie in einer Luftblase der ganzen Situation enthoben, sie hatte nichts damit zu tun. Die Polizisten sollten verschwinden, dann sollte Johann heimkommen. Sie wollte ihr Leben genau da anknüpfen, wo sie es vor einer halben Stunde gelebt hatte.

Später konnte Emma nicht mehr sagen, wie die darauffolgenden Stunden vergangen waren. Irgendwie waren auf einmal ihre Mutter und Katrin da. Katrin begleitete sie auf ihrem letzten Weg zu ihrem Mann. Die Identifikation von Johann verdrängte Emmas Bewusstsein in eine hinterste, düstere Ecke, wohl wissend, dass sie es nicht würde ertragen können, diesen Moment klar wahrzunehmen. Johann sah friedlich aus, er wirkte schlafend und schien sanft zu lächeln. Emma fixierte sein Gesicht, sie wusste, er würde gleich die Augen öffnen und sie an sich ziehen. Er *musste* einfach wach werden, es konnte nicht sein....

Die Tage bis zur Beerdigung verbrachte Emma bei ihren Eltern, auch Katrin wich ihr nicht von der Seite. Alle wussten, dass Emma nicht in der Lage sein würde, die Organisation dieser Tage und die Emotionen ihrer unermesslichen Trauer zu ertragen, wenn sie auch nur einen Moment alleine gelassen würde.

Die Welt hatte ihre Bedeutung verloren, Emmas Leben hatte seine Bedeutung verloren. Nachdem Eva gestorben war, hatte sie immer noch Johann gehabt, diesen wunderbaren Mann, der sie schützte und wärmte, der sie einhüllte in den Mantel seiner Liebe und sie mit all ihren Stärken und Schwächen ertrug. Der Gedanke seines Todes war nicht zu ertragen, auch Jahre später konnte Emma es dem Leben nicht verzeihen, ihr dies angetan zu haben. Ohne ihre Familie und Katrin hätte sie keinen Grund und Sinn gehabt, weiter zu leben. Obwohl sich Emma immer des Geschenks der Menschen um sich herum bewusst war, konnte sie keine Lebensfreude mehr empfinden.

Im Laufe der Jahre nach Johanns Tod lernte sie, das Leben nach außen hin zu gestalten und das ‚Beste' daraus zu machen. Innerlich mit ihren Gefühlen und Gedanken jedoch war sie ein anderer Mensch geworden, verbittert und traurig.

Als sie die Diagnose ‚Mamma-Carcinom' bekam, ängstigte sie sich nicht. Obwohl sie alle Therapiemöglichkeiten wahrnahm, die die Ärzte ihr empfahlen, wusste sie, dass sie sich nicht wirklich gegen das Sterben wehren würde. Ihr Leben war nicht mehr lebenswert genug, um zu kämpfen. Der Tod hatte ihr das Liebste genommen, was sie hatte, warum sollte sie ihn für sich selbst fürchten? Sie hatte die Leere, die nach dem Verlust der beiden wichtigsten Menschen in ihrem Leben entstanden war, nie mehr füllen können.

Die beobachtende Emma sah sich nun beim Verfassen ihres Abschiedsbriefs an Katrin. Der ganze Schmerz ihres Lebens, die Trauer, die Wut und Verzweiflung füllten den Raum wie ein toxischer Nebel, der den Atem raubt und Leben zerstört. Voller Mitgefühl sah Emma sich beim Schreiben und Weinen. Sie verstand, dass es keinen anderen Weg gegeben hatte. Die Emotionen, die sie in den Tod getrieben hatten, lösten sich allmählich in reine Liebe auf. Emma fühlte, wie sie als jetziges Wesen, aber auch als die verzweifelte Emma gesegnet war und wurde eins mit diesem Segen und einer unbeschreiblichen Liebe, die sie in die Höhe hob und ihr Herz erfüllte. Licht und Liebe begleiteten sie durch die Sphären, alles war eins und sie war alles.

Voller Glück klärte sich ihr Blick und sie sah eine Szene, die sie auf keinen Fall erwartet hätte: Emma befand sich auf dem Dach eines Wolkenkratzers und schaute auf den Dunst einer Großstadt herab. Geräusche drangen zu ihr herauf wie von einem Wattebausch gedämpft.

Verwundert blickte sie um sich. Infinitus stand genau in der Mitte der grauen Fläche und lächelte sie an.

„Infinitus! Was machen wir hier?" rief sie ihm zu.

Lachend gingen sie sich entgegen.

„Du wunderst dich?"

„Ja, natürlich. Ich sehe Beton und eine Smogdecke, die den Lärm der Stadt von uns fernhält. Nicht gerade eine Idylle…"

Infinitus strich sich eine Locke hinter das Ohr und lächelte.

„Nein, idyllisch im herkömmlichen Sinn ist es sicher nicht. Es ist aber ein Ort, den es im physischen Leben ebenso gibt wie den Wasserfall, den Dschungel, die Berge, die Wälder und Dörfer."

Emma drehte sich einmal um ihre Achse und hatte plötzlich ein Gefühl von Vervollständigung in sich.

„Ich glaube, ich weiß, was es bedeutet, hier zu sein", sagte sie. „Du zeigst mir, dass alles ist, so wie es ist. Die von mir als weniger schön eingeordneten Orte und Dinge kann ich durch meine Meinung nicht leugnen. Sie sind genau so da, wie alles, was mir gefällt und was ich gutheiße."

Infinitus nickte lächelnd.

„Ja, alles ist, so wie es ist und alles hat seine Berechtigung. Auch hier bist du ein Teil vom großen Ganzen und das große Ganze spiegelt dich wider. Es ist egal, wo du dich befindest oder was du denkst."

Lange schauten sich Infinitus und Emma an.

Emma ergriff das Wort.

„Diesmal bin ich mir sicher, worum die Lehre sich dreht. Es geht nicht um Trauer oder den Verlust eines Menschen, sondern vermutlich um die Leere, die ich nach Johanns Tod in mir trug."

Infinitus antwortete:

„Ja, das ist der Inhalt deiner letzten Lektion im

Göttlichen Spiel. Wie ging es dir?"

Emma konnte noch einmal den Nachhall der Emotionen spüren, die sie einerseits jahrelang ausgefüllt und die in ihr getobt hatten, während sie andererseits immer nur ein Gefühl unendlicher Leere in sich gehabt hatte. In dieser Leere war sie sich verloren und haltlos vorgekommen.

Infinitus legte seinen Arm um Emma.

„Du hast die Leere als sehr negativ empfunden?" fragte er. Emma nickte.

„Ja, sie schien mir meine ganze Kraft und Energie zu rauben. Johanns Tod hat mich zu einem inneren leeren Raum gemacht, dem nichts mehr entspringen konnte. Ich war eigentlich lebendig tot. Jetzt wird mir klar, dass aus dem leeren Raum Neues hätte entstehen können. Was bereits angefüllt ist, kann nichts mehr aufnehmen."

Infinitus freute sich über die Erkenntnis seiner Freundin.

„Ich könnte es nicht besser sagen! Die Menschen haben das Gefühl, die Leere sei schlecht und nähme ihnen etwas. Sie können oder wollen nicht sehen, dass Leere eine große Chance in sich birgt. Aus der Leere wird das Neue geboren, sie enthält ein kraftvolles Potential an Chancen. Die Leere ist immer etwas, was nicht manifest ist und daher kannst du in ihr die Wirklichkeit finden. Die Wirklichkeit kennt ja weder Zeit noch Raum, sie ist einfach. So wie die Leere."

Emma seufzte.

„Ich verstehe es jetzt, Infinitus. Hätte ich den leeren Raum als Ort der Wirklichkeit wahrnehmen können, so hätte ich vermutlich dort die Wurzel meiner seelischen Heilung gefunden! Aber damals hatte ich zum zweiten Mal einen geliebten Menschen verloren, ich konnte nicht mehr klar denken. Ich bin mir auch sicher, dass ich mich dieser Wahrheit verschlossen hätte. Mein Schmerz war zu groß. In mir drin stand die Zeit still, auch wenn die Zeit des Lebens weiterlief."

154

Sie gingen ein Stück, die Blicke über die Nebelschicht in die Weite des Horizonts gerichtet, wo die Grenzen zwischen Anfang und Ende verschwimmen. Infinitus erklärte Emma:

„So zeigt sogar die Trauer den Menschen einen Weg aus der Zeit. Wenige sind jedoch in einem derart weit entwickelten Bewusstseinszustand, dass sie dies erkennen können."

„Also, ich wäre dazu nicht in der Lage gewesen..."

„Das Sein ist fair und so hast du nun die Möglichkeit zum Göttlichen Spiel bekommen, in dem du die Erkenntnisse sammeln kannst, zu denen du in deinem physischen Leben nicht imstande warst."

Emma lächelte.

„Ich dachte immer, das physische Leben nähme den größten Raum des Seins ein, auch wenn ich ein Leben nach dem Tod nicht völlig ausschließen konnte. Nun erkenne ich, dass dieses Leben nur ein klitzekleiner Teil eines großen Ganzen ist!"

Infinitus lachte sein herzhaftes, kehliges Lachen.

„Klitzeklein! Ach Emma, du drückst es so wunderbar erfrischend aus! Natürlich hast du recht, das Leben ist ein winziger Augenblick, der die Möglichkeit bietet, Erfahrungen zu sammeln und zu lernen."

„Und die Leere?"

Fragend schaute Infinitus Emma an.

„Was meinst du?"

Sie stupste ihn freundschaftlich in die Seite.

„Ich kenne dich inzwischen gut genug, um zu wissen, dass es noch eine Regel bezüglich der Leere gibt. Na los, fang schon an zu schreiben!"

Lachend erfüllte Infinitus Emmas Bitte und schrieb in einem tiefen violetten Ton in die Luft:

Leere schenkt neuen Raum.
Leere. Schenkt neuen Raum.
Leere schenkt. Neuen Raum.
Leere schenkt neuen. Raum.

13.

Ein Lufthauch, zart, als könne er gerade eine Feder von der Hand pusten, brachte Emma in den Wald der Nicht-Zeit, in dem sie plötzlich neben Infinitus auf einer kleinen Lichtung stand. Die Sonne sendete ihre Strahlen durch verschiedenfarbige Baumkronen hindurch. Alle Jahreszeiten waren vertreten, die Bäume trugen das zarte Grün des Frühlings, die satten Sommerfarben oder herbstlich buntes Laub. Einige Pflanzen trugen ihr karges Winterkleid und ruhten in Erwartung des neuen Lebens. Wie bei ihrem ersten Besuch bestaunte Emma die Fülle aller Elemente, die so harmonisch miteinander verbunden waren. Knospen, Blüten, frische Früchte und sich dem Winter hingebend ruhende Äste bildeten ein perfektes Gesamtwerk. Emma schloss die Augen und sog tief die würzige Luft ein.

„Nun sind wir wieder hier", stellte sie fest. „Ist es ein Kreislauf? Hier habe ich mein Göttliches Spiel begonnen, und hier beende ich es?"

Infinitus wiegte den Kopf hin und her. Er warf Emma einen liebevollen Blick zu.

„Ja und nein. Auf dein vorheriges Leben und die Möglichkeit zur Rückblende bezogen, schließen wir jetzt einen Kreislauf, ja. Das wahre Göttliche Spiel endet natürlich nie."

Er fasste Emma sanft am Ellenbogen und sie gingen über einen moosbedeckten Pfad tiefer in den Wald hinein.

„Ich habe unglaubliche Erkenntnisse gewonnen", nahm Emma das Gespräch wieder auf. „nun habe ich noch Fragen, deren Antworten sicher meine Lehren verbinden werden."

Infinitus schmunzelte.

„Du kannst mich alles fragen, was du möchtest."

Emma ließ sich darum nicht zweimal bitten.

„Meine erste Frage bezieht sich auf das Leiden, Infinitus. Warum habe ich so viel leiden müssen in meinem physischen Leben? Was macht das für einen Sinn?"

Infinitus streckte sein Gesicht in die Sonne und freute sich über die Wärme an der Haut seiner Wangen. Er strich seine gelbe Kutte in Höhe der Hüfte glatt und antwortete Emma mit ruhiger Stimme.

„Leiden öffnet die Türen der Möglichkeiten zur Veränderung. Viele Menschen haben vor Veränderungen Angst, da sie gerne am Vertrauten festhalten. Veränderung macht unsicher, denn sie führt in den Raum des Nicht-Vertrauten. Das Leben ist aber sowieso immer Veränderung, Stagnation ist nichts Natürliches. Du siehst es hier im Wald der Nicht-Zeit. Furcht vor Veränderung ist verständlich, aber nicht notwendig. Wie viel Farbe fehlte der Erde, wenn alle Blumen aus Angst vor Veränderung ihre Knospen nicht zur Blüte öffnen würden! So wie eine Wunde die Haut aufbrechen und heilen, also neu zusammenwachsen lässt, so bricht das Leiden Wunden des Lebens auf, in der Hoffnung und mit der Chance auf Neuorganisation und Heilung. Leiden ist ein wertvoller Impuls, neue Wege zu gehen. Wer dies erkennt, wird Leiden dankbar wie ein Geschenk annehmen. Wer Leiden annehmen kann, hat es schon fast

158

überwunden. Und hierin besteht die größte Veränderung: im Überwinden von Leiden!"

Emma und Infinitus gingen lange schweigend nebeneinander her. In ihrem jetzigen Seinszustand brauchte Emma die Worte ihres Freundes nicht zu verstehen, sie drangen in sie ein und nahmen in ihrem Herzen Platz. Verstehen und Erkennen waren Eins.

„Gibt es einen Rat, wie Leiden überwunden werden kann?" fragte sie nach einer langen Zeit der Ruhe.

„Ja. Das erste ist, wie ich bereits erklärt habe, die Annahme des Leidens. Damit verliert es schon seine negative Macht. Eine wirkliche Überwindung findet statt, wenn der Mensch sich nicht mehr mit dem Leiden identifiziert. Er erkennt, dass er nicht Leiden *ist*."

„Du meinst eine Trennung von mir als Person mit Leiden und mir als göttlichem Wesen, das immer heil ist, also keine Leiden haben kann?"

„Ja, so meine ich das. Das, was dein wahres Sein ausmacht, ist nicht gleich zu setzen mit deinem Körper und deinem Leiden."

Emma überlegte.

„Du sagst, der Grund, dass die Menschen erst lernen müssen, Leiden zu überwinden ist der, dass sie die Leiden noch brauchen. Sonst könnten sie Veränderungen nicht vornehmen, die notwendig sind. Woher nehme ich die Kraft zur Veränderung? Wie soll ich den Mut aufbringen, Leiden als Impuls wahrzunehmen? Braucht es nicht einer gewaltigen Stärke, ja vielleicht sogar einer gewissen Aggression, um sich dadurch zu kämpfen?"

„Nein. Wie kann es sein, dass die zarten Spitzen der Schneeglöckchen sich den Weg durch die Schwere des gefrorenen Bodens bahnen und der Schwerkraft trotzend den Weg aus der Erde ins Licht finden? Weil ihnen die Kraft innewohnt, die in allem ist, eine universelle Stärke zugänglich für alles und jeden in allem und jedem. Dieser göttliche Anteil kennt kein schwer oder leicht, kein dunkel oder hell. Er überwindet alles. Wie das Schneeglöckchen, das wachsen will, musst du der göttlichen Energie die Pforte zu deinem Inneren öffnen und sie herzlich willkommen heißen. Dann ist alles möglich und so wie ein weicher Tropfen mit Geduld und Ausdauer einen harten Stein höhlen kann, so kannst auch du leise und sanft die größten Veränderungen vollziehen und die unglaublichsten Hindernisse überwinden. Dazu brauchst du keine Aggression, sondern ein Urvertrauen in das Leben, das es dir ermöglicht, im Fluss des Seins zu schwimmen und zu wissen, dass jede Welle, jeder Sturm, jede Strömung und auch jede Trägheit richtig ist, so wie sie ist."

Emma und Infinitus drangen tiefer in den Wald ein. Vogelgezwitscher begleitete sie ebenso wie die wärmende Sonne, die ihnen mit ihren Strahlen den Weg zu zeigen schien. Wegabschnitte voller buntem Herbstlaub wechselten sich mit trockenem, heißem Untergrund und dem kargen Boden des Winters ab.

Emma sagte:

„Im Fluss des Seins zu schwimmen, ist das die Erleuchtung, Infinitus?"

Infinitus nahm sich Zeit, um seine Antwort zu formulieren.

„Erleuchtung heißt auch, im Fluss des Seins zu schwimmen, wenn du damit die Hingabe an die Wirklichkeit meinst. Erleuchtung heißt, das Alltagsbewusstsein und damit die Trennung von dir und der Welt zu überwinden."

„Sie findet also auf der emotionalen Ebene statt?"

„Nein, sie findet auf allen Ebenen statt und somit auch auf der rationalen, denn sie ist allumfassend."

„Wie kann Erleuchtung gelingen?"

„Durch Hingabe in Demut!"

160

„In Meditation?"

„Auch. Innehalten ist hilfreich. Erleuchtung kann aber in jedem Augenblick deines Lebens stattfinden."

„Wann ist der richtige Zeitpunkt für die Erleuchtung?"

Infinitus brach in sein herzhaftes Lachen aus.

„Wann *nicht*?"

Er schenkte Emma einen liebevollen Blick.

„Könnte es einen falschen Zeitpunkt geben? Nein, Emma, in jedem Augenblick ist die Erleuchtung da und wartet geduldig darauf, von dir erkannt zu werden. Ob du meditierst, deine Wohnung putzt, eine Arbeit am Fließband verrichtest oder einen Zahnarzttermin hast. Sei einfach da und öffne dem jetzigen Moment die Türe in dein Innerstes. Damit lädst du dich zur Selbst-Erkenntnis ein. So kannst du den inneren Raum zur Erleuchtung betreten. Geduldiges Loslassen aller Gedanken, Erwartungen, Wünsche und Hoffnungen hilft dir dabei."

„Ich dachte, die Erleuchtung ist etwas Besonderes. Eine Erfahrung, die über jede andere Erfahrung hinaus geht!"

„Sicher ist sie das, es geht im Leben aber nicht darum, auf der Jagd nach Erleuchtung hier und dort eine ungewöhnliche Erfahrung zu machen, sondern jeden Moment als einzigartig und somit auch als ungewöhnlich wahrzunehmen. Der gewöhnliche Moment hat *immer* den göttlichen Anteil des Besonderen inne."

Ein leiser Windhauch strich Emma und Infinitus um die Beine wie eine streunende Katze, die gerne bemerkt werden möchte. Die Wärme der Luft ergänzte den Einklang ihrer Herzen, die voller Liebe und Freude waren.

„Du sagst, ich soll die Trennung von mir und der Welt überwinden. Ich erinnere mich, einmal vom Mikrokosmos im Makrokosmos gelesen zu haben. Ich habe es nie verstanden. Nun sehe ich, was damit gemeint ist. Der göttliche, der wahre Anteil von mir ist ein Teil des großen Ganzen, mein wahres Selbst spiegelt alles in der Welt wieder und alles in der Welt beinhaltet mein Selbst."

„Ja, Trennung ist Illusion. Der physische Körper und das irdische Leben sind gemacht, um die Schule des Lebens zu durchlaufen. Es ist aber nicht dein Selbst. Es ist eine wichtige Aufgabe für die Menschen, diese falsche Identifikation aufzugeben."

Ein kleines Reh kreuzte den Weg, auf dem Emma und Infinitus dem Licht entgegen gingen. Es hielt inne und warf den beiden Personen einen interessierten Blick zu, bevor es im Dickicht verschwand.

„Infinitus, ich habe im Leben gelernt, ich soll zu Gott beten. Nun bin ich im jenseitigen Leben und habe nie etwas von Gott gehört. Gibt es keinen Gott? Oder was verwechselt der Mensch mit Gott?"

„Solange du Gott als Figur außerhalb von dir anbetest, hast du sein Wesen nicht verstanden. Das Göttliche findest du weder im Anbeten einer Gestalt noch durch Suchen, weder durch Askese noch durch Opfergaben. Du begegnest ihm, wenn du dein Sein erkennst. Du kannst es sehen, wenn du einen Stein betrachtest, einen Vogel beim Fliegen beobachtest oder den Duft blühender Rosen einatmest. Schalte den Verstand aus und sei- da ist Gott!"

Emma nickte.

„Ich verstehe die Lehren der Lektionen, die wir durchlaufen haben. Ich glaube nun, ich verstehe, was die Wahrheit des Seins ist."

„Wenn du glaubst, die Wahrheit durch den Verstand erkannt zu haben, dann kennst du sie immer noch nicht. Die Wahrheit findest du erst hinter den Worten, die sie zu erklären versucht haben. Lass alles los, die Erklärungen, die Texte, den Verstand. Geduldig und allgegenwärtig erwartet dich hier die Wahrheit."

162

Emma spürte, wie ihr physischer Körper sich aufzulösen begann. Auch Infinitus umgab eine Aura strahlenden Lichtes. Das Licht hatte immer eine sehr große Rolle gespielt, seitdem Emma in die jenseitige Welt eingetreten war. Daher hatte sie noch eine Frage.

„Infinitus, muss ich dem Licht meines göttlichen Kerns folgen?"

Infinitus lächelte.

„Du brauchst diesem Licht nicht zu folgen, Emma. Du *bist* das Licht!"

Und während Emma und Infinitus sich mit der Unendlichkeit verschmolzen, erschien eine goldene Wolke an der Stelle, an der sie gestanden hatten.

Als die Wolke sich auflöste, hinterließ sie folgende Worte in der Luft:

Du bist das Licht!
Du. Bist das Licht!
Du bist. Das Licht!

Du bist das Licht!